COLEÇÃO
POCKET BOOK
THEREZA NAHAS
COORDENADORA

COLEÇÃO
POCKET BOOK
THEREZA NAHAS
COORDENADORA

GEORGENOR DE SOUSA FRANCO FILHO

COOPERAÇÃO JURÍDICA NACIONAL E INTERNACIONAL

MATRIOSKA
EDITORA

Publisher – Editorial: Luciana Félix
Publisher – Comercial: Patrícia Melo
Coordenação editorial da coleção: Ana C. Moura
Copidesque e preparação de texto: Renata Sangeon
Revisão: Equipe Matrioska Editora
Editoração e capa: Marcelo Correia da Silva

Matrioska Editora
Atendimento e venda direta ao leitor:
www.matrioskaeditora.com.br
contato@matrioskaeditora.com.br
facebook.com/matrioskaeditora
instagram.com/matrioskaeditora

Dados Internacionais de Catalogação na Publicação (CIP)
(Câmara Brasileira do Livro, SP, Brasil)

Franco Filho, Georgenor de Sousa
Cooperação jurídica nacional e internacional / Georgenor de Sousa Franco Filho. -- São Paulo : Matrioska Editora, 2022. -- (Coleção pocket book / Thereza Nahas, coordenadora)

Bibliografia.
ISBN 978-65-86985-74-0

1. Assistência judiciária internacional 2. Cooperação internacional 3. Processo penal (Direito internacional público) 4. Relações internacionais I. Nahas, Thereza. II. Título. III. Série.

22-119916 CDU-341

Índices para catálogo sistemático:

1. Cooperação jurídica internacional : Direito internacional 341

Cibele Maria Dias - Bibliotecária - CRB-8/9427

Impresso no Brasil
2022

O Autor

Georgenor de Sousa Franco Filho

Desembargador do Trabalho de carreira do Tribunal Regional do Trabalho da 8a Região. Doutor em Direito pela Faculdade de Direito da Universidade de São Paulo. Doutor *Honoris Causa* e Professor Titular de Direito Internacional e de Direito do Trabalho da Universidade da Amazônia. Presidente Honorário da Academia Brasileira de Direito do Trabalho. Membro de Número da Academia Ibero-Americana de Derecho del Trabajo y de la Seguridad Social. Membro da Academia Paraense de Letras, da Academia Brasileira de Direito da Seguridade Social e da Academia Paraense de Letras Jurídicas. E-mail: georgenor@trt8.jus.br

Apresentação da Série

A coleção Pocket-book chega ao leitor com a intenção de proporcionar uma ferramenta de trabalho e conhecimento que permita a consulta rápida, inteligente e com a qualidade que o modelo da tecnologia atual exige.

Os temas monográficos e a diversidade de autores e pensamentos evitam que a velocidade das alterações legislativas, jurisprudenciais, políticas e sociais possam comprometer a atualidade das obras.

O formato praticamente 100% digital do conteúdo (com impressões esporádicas e sob demanda) viabiliza as atualizações constantes e necessárias para a compreensão dos temas propostos.

O mundo em constante transformação, a aceleração da tecnologia da informação e da comunicação e os vários instrumentos normativos que surgem nos diferentes países impactando, inclusive, a zona de conforto que cada um de nós vive, requer atualizações mais dinâmicas e intercâmbios culturais, políticos, jurídicos e sociais. O mundo não tem fronteiras e reclama que cada um possa ir mais além, justamente pela união dos povos e a cooperação transnacional.

Vivemos no século da sociedade do conhecimento, fundamento este de cada Pocket-book que o leitor poderá absorver!

Thereza Nahas
Coordenadora e autora

PRINCIPAIS OBRAS DO AUTOR

De autoria exclusiva

1. *Direito do mar*. Belém: Imprensa Oficial do Estado do Pará, 1974 (esgotado).

2. *A proteção internacional aos direitos humanos*. Belém: Imprensa Oficial do Estado do Pará, 1975 (esgotado).

3. *O Pacto Amazônico: ideias e conceitos*. Belém: Falângola, 1979 (esgotado).

4. *Imunidade de jurisdição trabalhista dos entes de Direito Internacional Público* (Prêmio Oscar Saraiva do Tribunal Superior do Trabalho). São Paulo: LTr, 1986 (esgotado).

5. *Na vivência do Direito Internacional*. Belém: Cejup, 1987 (esgotado).

6. *Na Academia*: imortal por destino. Mosaico cultural (em colaboração). Belém, Falângola, 1987 (esgotado).

7. *Guia prático do trabalho doméstico*. Belém: Cejup, 1989 (esgotado).

8. *A arbitragem e os conflitos coletivos de trabalho no Brasil*. São Paulo: LTr, 1990 (esgotado).

9. *Liberdade sindical e direito de greve no direito comparado (lineamentos)*. São Paulo: LTr, 1992 (esgotado).

10. *Relações de trabalho na Pan-Amazônia*: a circulação de trabalhadores. 1996. Tese (Doutorado) — Faculdade de Direito, USP, São Paulo, LTr, 1996 (esgotado).

11. *A nova lei de arbitragem e as relações de trabalho*. São Paulo: LTr, 1997 (esgotado).

12. *Globalização & desemprego*: mudanças nas relações de trabalho. São Paulo: LTr, 1998 (esgotado).

13. *Direito do Trabalho no STF (1)*. São Paulo: LTr, 1998 (esgotado).

14. *Competência Internacional da Justiça do Trabalho*. São Paulo: LTr, 1998 (esgotado).

15. *O servidor público e a reforma administrativa*. São Paulo: LTr, 1998 (esgotado).

16. *Direito do Trabalho no STF (2)*. São Paulo: LTr, 1999 (esgotado).

17. *Tratados internacionais*. São Paulo: LTr, 1999 (esgotado).

18. *Direito do Trabalho no STF (3)*. São Paulo: LTr, 2000 (esgotado).

19. *Globalização do trabalho*: rua sem saída. São Paulo: LTr, 2001 (esgotado).

20. *Direito do Trabalho no STF (4)*. São Paulo: LTr, 2001 (esgotado).

21. *Direito do Trabalho no STF (5)*. São Paulo: LTr, 2002 (esgotado).

22. *Direito do Trabalho no STF (6)*. São Paulo: LTr, 2003 (esgotado).

23. *Direito do Trabalho no STF* (7). São Paulo: LTr, 2004 (esgotado).

24. *Ética, Direito & Justiça*. São Paulo: LTr, 2004 (esgotado).

25. *Direito do Trabalho no STF (8)*. São Paulo: LTr, 2005 (esgotado).

26. *Direito do Trabalho no STF (9)*. São Paulo: LTr, 2006 (esgotado).

27. *Trabalho na Amazônia*: a questão dos migrantes. Belém: Unama, 2006 (esgotado).

28. *Direito do Trabalho no STF (10)*. São Paulo: LTr, 2007 (esgotado)

29. *Direito do Trabalho no STF (11)*. São Paulo: LTr, 2008 (esgotado).

30. *Direito do Trabalho no STF (12)*. São Paulo: LTr, 2009.

31. *Avaliando o Direito do Trabalho*. São Paulo: LTr, 2010.

32. *Direito do Trabalho no STF (13)*. São Paulo: LTr, 2010.

33. *Direito do Trabalho no STF (14)*. São Paulo: LTr, 2011.

34. *Direito do Trabalho no STF (15)*. São Paulo: LTr, 2012.

35. *Direito do Trabalho no STF (16)*. São Paulo: LTr, 2013.

36. *Direito do Trabalho no STF (17)*. São Paulo: LTr, 2014.

37. *Curso de Direito do Trabalho*. São Paulo, LTr, 2015 (2ª ed., 2016;

3ª ed., 2017; 4ª ed., 2018; 5ª ed., 2019; 6ª ed., 2020).

38. *Direito do Trabalho no STF (18)*. São Paulo: LTr, 2015.

39. *Direito do Trabalho no STF (19)*. São Paulo: LTr, 2016.

40. *Intimidade e privacidade do trabalhador (Direito internacional e comparado)*. São Paulo: LTr, 2016.

41. *Direito do Trabalho no STF (20)*. São Paulo: LTr, 2017.

42. *Reforma trabalhista em pontos*. São Paulo: LTr, 2018 (2ª ed., 2018).

43. *Direito do Trabalho no STF (21)*. São Paulo: LTr, 2018.

44. *Direito do Trabalho no STF (22)*. São Paulo: LTr, 2019.

45. *Direito do Trabalho no STF (23/24)*. São Paulo: LTr, 2021.

Obras coordenadas

1. *Direito do trabalho e a nova ordem constitucional*. São Paulo: LTr, 1991. p. 29-54. (*Da distinção entre atos de império e de gestão e seus reflexos sobre os contratos de trabalho celebrados com entes de Direito Internacional Público*.)

2. *Curso de direito coletivo do trabalho (Estudos em homenagem ao Ministro Orlando Teixeira da Costa)*. São Paulo: LTr, 1998. p. 291-307. (*Negociação coletiva transnacional*). ISBN 85-7322-366-9.

3. *Presente e futuro das relações de trabalho (Estudos em homenagem ao Prof. Roberto Araújo de Oliveira Santos)*. São Paulo: LTr, 2000. p. 242-257. (*Globalização, a Amazônia e as relações de trabalho*). ISBN 857322858X.

4. *Direito e processo do trabalho em transformação* (em conjunto com os Ministros Ives Gandra da Silva Martins Filho e Maria Cristina Irigoyen Peduzzi e os Drs. Ney Prado e Simone Lahorgue Nunes). São

Paulo: Elsevier, 2007. p. 145-155. (*Relações de trabalho passíveis de apreciação pela Justiça do Trabalho*). ISBN 978-85-352-2432-0.

5. *Trabalho da mulher: Homenagem a Alice Monteiro de Barros).* São Paulo: LTr, 2009. P. 177-184. (*Contrato de trabalho por prazo determinado e garantia de emprego da gestante*). ISBN 978-85-361-1364.7.

6. *Temas atuais de direito*. Rio de Janeiro: GZ, 2013. p. 29-38. (*Deslocalização interna e internacional*). ISBN 978-85-62027-21-5.

7. *As lendas da Amazônia e o Direito*. Rio de Janeiro: GZ, 2014. (*Prefácio explicativo*, p. VII-VIII; *Lendas, mitos, fábulas e contos populares*, p. 1-3). ISBN 978-85-62027-39-0.

8. *Temas atuais de direito (volume II)*. Rio de Janeiro: GZ, 2014. p. 77-96. (*Danos ao trabalho e necessidade de reparação*) ISBN 978-85-62027-54-3.

9. *Direito Internacional do Trabalho. O estado da arte sobre a aplicação das convenções internacionais da OIT no Brasil* (co-organizador: Valério de Oliveira Mazzuoli). São Paulo: LTr, 2016. p. 15-23 (*Incorporação e aplicação das convenções internacionais da OIT no Brasil*). ISBN 978-85-361-8711-2.

10. *Reforma trabalhista*: perspectivas do mundo do trabalho no Brasil (co-organizadores: Gustavo Moreira Pamplona e Jeferson Antônio Fernandes Bacelar). Rio de Janeiro: Lumen Juris, 2018. p. 27-42 (*Perspectivas do mundo do trabalho, do direito do trabalho e da Justiça do Trabalho*). ISBN: 978-85-519-0979-9.

Obras em coautoria

1. *Estudos de direito do trabalho* (*homenagem ao Prof. Júlio Malhadas*) (Coordenação: Prof.ª Anna Maria de Toledo Coelho). Curitiba: Juruá,

1992. p. 294-303 (*Imunidade das organizações internacionais. Um aspecto da competência internacional da Justiça do Trabalho*).

2. *Processo do trabalho (homenagem ao Prof. José Augusto Rodrigues Pinto)* (Coordenação: Dr. Rodolfo Pamplona Filho). São Paulo: LTr, 1997. p. 369-378 (*A nova sistemática do agravo de petição*). ISBN 85-7322-305-7.

3. *Estudos de direito do trabalho e processo do trabalho (homenagem ao Prof. J. L. Ferreira Prunes)* (Coordenação: Drs. Juraci Galvão Júnior e Gelson de Azevedo). São Paulo: LTr, 1998. p. 80-92 (*O princípio da dupla imunidade e a execução do julgado contrário a ente de Direito Internacional Público*). ISBN 85-3722-385-5.

4. *Manual de direito do trabalho* (*homenagem ao Prof. Cássio Mesquita Barros Júnior*) (Coordenação: Dr. Bento Herculano Duarte Neto). São Paulo: LTr, 1998. p. 325-336 (*Suspensão do Trabalho – Suspensão e interrupção*). ISBN 85-7322-380-4.

5. *Direito internacional no terceiro milênio* (*homenagem ao Prof. Vicente Marotta Rangel*) (Coordenação: Profs. Luiz Olavo Baptista e J. R. Franco da Fonseca). São Paulo: LTr, 1998. p. 653-665 (*Considerações acerca da Convenção Internacional sobre a Proteção do Trabalhador Migrante*). ISBN 85-7322-417-7.

6. *Direito do Trabalho* (*homenagem ao Prof. Luiz de Pinho Pedreira da Silva*) (Coordenação: Drs. Lélia Guimarães Carvalho Ribeiro e Rodolfo Pamplona Filho). São Paulo: LTr, 1998. p. 71-77 (*Importância do direito internacional para o direito do trabalho*). ISBN 85-7233-545-9.

7. *Estudos de Direito* (*homenagem ao Prof. Washington Luiz da Trindade*) (Coordenação: Drs. Antônio Carlos de Oliveira e Rodolfo Pamplona Filho). São Paulo: LTr, 1998. p. 448-455 (*Imunidade de jurisdição dos entes de direito público externo*). ISBN 85-7322-539-4.

8. *Direito sindical brasileiro (homenagem ao Prof. Arion Sayão Romita)* (Coordenação: Dr. Ney Prado). São Paulo: LTr, 1998. p. 144-152 (*Contribuições sindicais e liberdade sindical*). ISBN 85-7322-543-2.

9. *Ordem econômica e social (homenagem ao Prof. Ary Brandão de Oliveira)* (Coordenação: Dr. Fernando Facury Scaff). São Paulo: LTr, 1999. p. 139-143 (*Trabalho infantil*). ISBN 85-7322-632-3.

10. *Fundamentos do direito do trabalho (homenagem ao Ministro Milton de Moura França)* (Coordenação: Drs. Francisco Alberto da Motta Peixoto Giordani, Melchíades Rodrigues Martins e Tárcio José Vidotti). São Paulo: LTr, 2000. p. 122-130 (*Unicidade, unidade e pluralidade sindical. Uma visão do Mercosul*). ISBN 85-7322-857-1.

11. *Temas relevantes de direito material e processual do trabalho (homenagem ao Prof. Pedro Paulo Teixeira Manus)* (Coordenação: Drs. Carla Teresa Martins Romar e Otávio Augusto Reis de Sousa). São Paulo: LTr, 2000. p. 66-73 (*Execução da sentença estrangeira*). ISBN 85-7322-883-0.

12. *Os novos paradigmas do Direito do Trabalho (homenagem ao Prof. Valentin Carrion)* (Coordenação: Dr.ª Rita Maria Silvestre e Prof. Amauri Mascaro Nascimento). São Paulo: Saraiva, 2001. p. 281-287 (*A legislação trabalhista e os convênios coletivos*). ISBN 85-02-03337-9.

13. *O direito do trabalho na sociedade contemporânea* (Coordenação: Dr.ªs Yone Frediani e Jane Granzoto Torres da Silva). São Paulo: Jurídica Brasileira, 2001. p. 140-148 (*A arbitragem no direito do trabalho*). ISBN 85-8627-195-0.

14. *Estudos de direito constitucional (homenagem ao Prof. Paulo Bonavides)* (Coordenação: Dr. José Ronald Cavalcante Soares). São Paulo: LTr, 2001. p. 119-126 (*Identificação dos direitos humanos*). ISBN 85-361-163-6.

15. *O direito do trabalho na sociedade contemporânea (II)* (Coordenação: Prof.ª Yone Frediani). São Paulo: Jurídica Brasileira, 2003. p. 66-73 (*A Convenção nº 132 da OIT e seus reflexos nas férias*). ISBN 85-7538-026-5.

16. *Constitucionalismo social (homenagem ao Ministro Marco Aurélio Mendes de Farias Mello)* (Coordenação: AMATRA-2). São Paulo: LTr, 2003. p. 171-180 (*Os tratados internacionais e a Constituição de 1988*). ISBN 85-3610-394-9.

17. *Recursos trabalhistas (homenagem ao Ministro Vantuil Abdala)* (Coordenação: Drs. Armando Casimiro Costa e Irany Ferrari). São Paulo: LTr, 2003. p. 55-65 (*Recurso extraordinário*). ISBN 85-3610-491-0.

18. *Relações de Direito Coletivo Brasil-Itália* (Coordenação: Yone Frediani e Domingos Sávio Zainaghi). São Paulo: LTr, 2004. p. 175-180 (*Organização sindical*). ISBN 85-3610-523-2.

19. *As novas faces do direito do trabalho (em homenagem a Gilberto Gomes*) (Coordenação: João Alves Neto). Salvador: Quarteto, 2006. p. 143-155 (*O triênio de atividade jurídica e a Resolução n. 11 do CNJ*). ISBN 85-8724-363-2.

20. *Curso de Direito Processual do Trabalho (em homenagem ao Ministro Pedro Paulo Teixeira Manus, do Tribunal Superior do Trabalho)* (Coordenação: Hamilton Bueno). São Paulo: LTr, 2008. p. 205-215 (*Recursos trabalhistas*). ISBN 97-8853-6111-21.

21. *Jurisdição: crise, efetividade e plenitude institucional (volume 2)* (Coordenação: Luiz Eduardo Günther). Curitiba: Juruá, 2009. p. 491-501 (*Das imunidades de jurisdição e de execução nas questões trabalhistas*). ISBN 978-85-362-275-9.

22. *Direito internacional: estudos em homenagem a Adherbal Meira Mattos* (Coordenação: Paulo Borba Casella e André de Carvalho Ramos). São Paulo: Quartier Latin, 2009. p. 523-532 (*Os tratados sobre*

direitos humanos e a regra do art. 5º, § 3º, da Constituição do Brasil). ISBN 85-7674-423-6.

23. *Meio ambiente do trabalho* (Coordenação: Elida Seguin e Guilherme José Purvin de Figueiredo). Rio de Janeiro: GZ, 2010. p. 199-207 (*Atuação da OIT no meio ambiente do trabalho; a Convenção n. 155*). ISBN 978-85-624-9048-4.

24. *Jurisdição: crise, efetividade e plenitude institucional (volume 3)* (Coordenação: Luiz Eduardo Günther, Willians Franklin Lira dos Santos e Noeli Gonçalves Gunther). Curitiba: Juruá, 2010. p. 529-540 (*Prisão do depositário infiel na Justiça do Trabalho*). ISBN 978-85-362-3197-6.

25. *Contemporaneidade e trabalho (aspectos materiais e processuais; estudos em homenagem aos 30 anos da AMATRA 8)* (Coordenação: Gabriel Velloso e Ney Maranhão). São Paulo: LTr, 2011. p. 17-23 (*Direito social ao lazer: entretenimento e desportos*). ISBN 878-85-361-1640-2.

26. *Atualidades do direito do trabalho (anais da Academia Nacional de Direito do Trabalho)* (Coordenação: Nelson Mannrich *et al.*). São Paulo: LTr, 2011. p. 229-233 (*O problema das prestadoras de serviço para financeiras e grupos econômicos bancários*). ISBN 978-85-361-2108-6.

27. *Dicionário Brasileiro de Direito do Trabalho* (Coordenação: José Augusto Rodrigues Pinto, Luciano Martinez e Nelson Mannrich). São Paulo: LTr, 2013 (*Verbetes: Adicional de penosidade; Auxílio-alimentação; Aviamento; Cônsul; Contrato de trabalho em tempo parcial; Contrato internacional de trabalho; Deslocalização; Direito à felicidade; Direito ao lazer; Direito comparado; Entes de direito internacional público externo; Estrangeiro; Licença-paternidade; Licença-prêmio; Missão diplomática; Missão especial; Organismo internacional; Paternidade; Pejotização; Penosidade; Quarteirização; Repartição consular; Representação comercial estrangeira; Representante diplomático; Salário retido; Serviço militar obrigatório; Termo prefixado; Trabalho em tempo*

integral; Trabalho em tempo parcial; Trabalho no exterior; Tratado internacional; Vale-transporte). ISBN: 978 -85-381-2589-3.

28. *Conciliação: um caminho para a paz social* (Coordenação: Luiz Eduardo Gunther e Rosemarie Diedrichs Pimpão). Curitiba: Juruá, 2013. p. 457-465 (*A arbitragem nas relações de trabalho*). ISBN: 978-85-362-4056-5.

29. *Estudos aprofundados Magistratura Trabalhista* (Coordenação: Élisson Miessa e Henrique Correia). Salvador: Juspodivm, 2013. p. 1115-123 (*Globalização... E depois?*) ISBN 857-76-1688-6.

30. *25 anos da Constituição e o Direito do Trabalho* (Coodenação: Luiz Eduardo Gunther e Silva Souza Netto Mandalozzo). Curitiba: Juruá, 2013. p. 237-250 (*Sindicalismo no Brasil*). ISBN 978-85-362-4460-0.

31. *Direitos fundamentais: questões contemporâneas* (Organização: Frederico Antônio Lima de Oliveira e Jeferson Antônio Fernandes Bacelar). Rio de Janeiro: GZ, 2014. p. 141-155 (*O direito social à felicidade*). ISBN 978-85-62027-44-4.

32. *Estudos aprofundados Magistratura Trabalhista (volume 2)* (Coordenação: Élisson Miessa e Henrique Correia). Salvador: Juspodivm, 2014. p. 187-197 (*Deslocalização interna e internacional*). ISBN 854-42-0028-1.

33. *Os desafios jurídicos do século XXI: em homenagem aos 40 anos do curso de direito da UNAMA* (Coordenação: Cristina Sílvia Alves Lourenço, Frederico Antonio Lima Oliveira e Ricardo Augusto Dias da Silva). São Paulo: PerSe, 2014. p. 142-150 (*Recortes de um mundo globalizado*). ISBN 978-85-8196-820-9.

34. Ética e direitos fundamentais (estudos em memória do Prof. Washington Luís Cardoso da Silva). Rio de Janeiro: LMJ Mundo Jurídico, 2014. p. 137-143 (*Refúgios e refugiados climáticos*). ISBN 978-85-62027-57-4.

35. *Doutrinas essenciais dano moral (volume. I – Teoria do dano moral e direitos da personalidade)*. (Organizador: Rui Stoco). São

Paulo: Revista dos Tribunais, 2015. p. 315-328 (*O direito de imagem e o novo Código Civil*). ISBN 978-85-203-6180-1.

36. *Doutrinas essenciais dano moral (volume IV – Questões diversas sobre dano moral)*. (Organizador: Rui Stoco). São Paulo: Revista dos Tribunais, 2015. p. 999-1012. (*A prescrição do dano moral trabalhista*). ISBN 978-85-203-6183-2.

37. *Estudos aprofundados da Magistratura Trabalhista (volume 2)* (Coordenação: Élisson Miessa e Henrique Correia). 2. ed. Salvador: Juspodivm, 2015. (*Globalização... E depois?*, p. 107-114; *A Emenda Constitucional nº 81/2014 e trabalho forçado no Brasil*, p. 363-375). ISBN 978-85-442-0527-3.

38. *Direito ambiental do trabalho. Apontamentos para uma teoria geral (volume 2)* (Coordenadores: Guilherme Guimarães Feliciano, João Urias, Ney Maranhão e Valdete Souto Severo). São Paulo: LTr, 2015. p. 203-209 (*Greve ambiental trabalhista*). ISBN 978-85-361-8600-9.

39. *Principiologia (estudos em homenagem ao centenário de Luiz de Pinho Pedreira da Silva)* (Coordenadores: Rodolfo Pamplona filho e José Augusto Rodrigues Pinto). São Paulo: LTr, 2016. p. 99-104 (*Princípios de Direito Internacional do Trabalho*). ISBN 978-85-361-8998-7.

40. *Direitos humanos e meio ambiente do trabalho* (Coordenação: Luiz Eduardo Gunther e Rúbia Zanotelli de Alvarenga). São Paulo: LTr, 2016. p. 51-55 (*Greve ambiental trabalhista*). ISBN 978-85-361-8827.0.

41. *Ciência e interpretação do direito (homenagem a Daniel Coelho de Souza)*. (Coordenadores: Zeno Veloso, Frederico A. L. Oliveira e Jeferson A. F. Bacelar). Rio de Janeiro: Lumen Juris, 2016. p. 197-209 (*Legitimidade das centrais sindicais*). ISBN 978-85-8440-836-8.

42. *Direitos humanos dos trabalhadores* (Coordenadora: Prof.a Rúbia Zanotelli de Alvarenga). São Paulo: LTr, 2016. p. 17-24 (*Direitos humanos dos trabalhadores*). ISBN 978-85-361-9051-8.

43. Terceirização de serviços e direitos sociais trabalhistas (Obra organizada pelos Profs. Gustavo Felipe Barbosa Garcia e Rúbia Zanotelli de Alvarenga). (São Paulo: LTr, 2017. p. 21-24 (*Quarteirização*). ISBN 978-85-361-9138-6.

44. *O mundo do trabalho no contexto das reformas* (Coordenadores: Ney Maranhão e Pedro Tourinho Tupinambá). São Paulo: LTr, 2017. p. 9-15 (*Reforma trabalhista: o futuro do trabalho, do Direito do Trabalho e da Justiça do Trabalho*). ISBN 978-85-361-9417-2.

45. *Direitos humanos e relações sociais trabalhistas* (Coordenadoras: Renata de Assis Calsing e Rúbia Zanotelli de Alvarenga). São Paulo: LTr, 2017. (*Antecedentes históricos, fundamentos e princípios do Direito Internacional do Trabalho*, p. 85-88; *A Organização Internacional do Trabalho e os instrumentos internacionais de proteção ao trabalhador*, p. 89-93). ISBN 978-85-361-9492-9.

46. *A reforma trabalhista e seus impactos* (Organizadores: Élisson Miessa e Henrique Correia). Salvador: Juspodivm, 2018. p. 117-125 (*Trabalho intermitente*). ISBN 978-85-442-1799-3.

47. *Reforma trabalhista ponto a ponto: estudos em homenagem ao professor Luiz Eduardo Gunther* (Coordenadores: José Affonso Dallegrave Neto e Ernani Kajota). São Paulo: LTr, 2018. p. 64-69 (*Banco de horas, férias e intervalos à luz da reforma trabalhista*). ISBN 978-85-361-9493-6.

48. *A reforma trabalhista na visão da Academia Brasileira de Direito do Trabalho* (Organizadores: Luciano Martinez, Jorge Boucinhas Filho e Vitor Salino de Moura Eça). Porto Alegre: Lex Magister, 2018. p. 100-109 (*Reforma trabalhista em cinco pontos*). ISBN 978-85-85275-68-6.

49. *Direitos fundamentais do trabalhador cidadão e transformações do mercado de trabalho* (Organizadores: Valdir Florindo, Nelson Mannrich, Alexandre de Souza Agra Belmonte e Yone Frediani). Porto Alegre: Lex Magister, 2018. p. 253-254 (*Direitos fundamentais*

e danos morais. Riscos de banalização dos direitos fundamentais dos trabalhadores). ISBN 978-85-85275-67-9.

50. *Reforma trabalhista: novos rumos do Direito do Trabalho e do Direito Processual do Trabalho*) (Coordenadores: Carlos Arthur Figueiredo, Flávio Costa, Francisco Noronha e Sérgio Queiroz). São Paulo: LTr, 2018. p. 100-104 (*Trabalho intermitente*). ISBN 978-85-361-9673-2.

51. *Contraponto jurídico: posicionamentos divergentes sobre grandes temas do Direito* São Paulo: Thomson Reuters Brasil, 2018. p. 1081-1088 (Trabalho intermitente). ISBN 978-85-5321-209-5.

52. *O primeiro ano de vigência da Lei n. 13.467/2017 – reforma trabalhista – reflexões e aspectos práticos* (Organizadores: Fabiano Zavanella e Marcelo Oliveira Rocha). São Paulo: LTr, 2018. p. 111-113 (*Exceção de incompetência territorial*). ISBN 978-85-361-9862-0.

53. *Proteção à saúde e segurança no trabalho* (Organizadores: Claudio Jannotti da Rocha, Lorena Vasconcelos Porto, Marcelo Borsio e Rúbia Zanotelli Alvarenga). São Paulo: LTr, 2018. p. 127-129 (*Segurança e saúde no trabalho rural: o intervalo especial do rurícola*).

54. *Soluções de conflitos trabalhistas: novos caminhos*. (Organizadora: Carolina Tupinambá). São Paulo: LTr, 2018. p. 382-387 (*A arbitragem no moderno direito brasileiro do trabalho*).

55. *Direito do Trabalho Brasileiro: inovações e perspectivas* (Organizadores: Emília de Fátima da Silva Farinha Pereira e Felipe Prata Mendes). Rio de Janeiro: Lumen Juris, 2018. p. 83-93 (*Temas polêmicos: lucro social, transcendência, ultratividade e portaria da reforma*).

56. *Anais do 1º Congresso Trabalhista Região do ABC: A Nova CLT* (Organizador: Francisco Bernardino Ferreira). Porto Alegre: Simplíssimo, 2019. p. 219-231 (*As convenções da OIT e a negociação coletiva*). ISBN 978-65-804-6103-5.

57. *Direito e processo do trabalho (homenagem a Armando Casimiro Costa Filho)* (Coordenadores: Carlos Henrique Bezerra Leite e Vitor Salino de Moura Eça). São Paulo: LTr, 2019. p. 11-14 (*A CLT como parâmetro cultural e a reforma trabalhista em face da dignidade da pessoa humana*). ISBN 978-85-361-9985-6.

58. *Contratos flexíveis na reforma trabalhista* (Coordenação: Rosemary de Oliveira Pires, Tereza Asta Gemignani e Ney Maranhão). São Paulo: LTr, 2019. p. 68-72 (*Trabalho em tempo parcial*). ISBN 978-85-9471-100-7.

59. *Direito e Justiça (homenagem a Milton Nobre)* (Coordenação: Zeno Veloso, Jeferson A. F. Bacelar e Marcelo A. T. de Brito Nobre). Rio de Janeiro: Lumen Jurista, 2019. p. 247-269 (*Reengenharia do processo: produtividade e celeridade*). ISBN 978-85-519-0553-1.

60. *Direito internacional do Trabalho (estudos em homenagem ao centenário da OIT)* (Coordenação: Ney Maranhão e Pedro T. Tupinambá). São Paulo: LTr, 2019. p. 45-49 (*Reforma trabalhista e OIT: preparação para a conferência do centenário*). ISBN 978-85-301-0052-0.

61. *Sistemas de seguridade no mundo (a dignidade humana está em primeiro lugar?)* (Coordenação: Morais, Océlio de Jesus C.; Mussi, Cristiane Miziara; Alves, Hélio Gustavo). São Paulo: LTr, 2019. p. 29-33 (*Papel da OIT em matéria de seguridade social*). ISBN 978-85-301-0078-0.

62. *Curso de direito processual do trabalho (homenagem da Academia Brasileira de Direito do Trabalho a Christovão Piragibe Tostes Malta e Wagner D. Giglio).* (Organizadores: Luciano Martinez; Jorge Cavalcante Boucinhas Filho; Bruno Freire e Silva). São Paulo: LTr, 2019. p. 297-303. (*Recurso extraordinário.* pp. 297-303)

63. *Comentários à Constituição de 1988 em matéria de direitos sociais trabalhistas: uma homenagem aos 30 anos da Constituição da República e aos 40 anos da Academia Brasileira de Direito do Trabalho*

(Coordenação: Luciano Martinez; João de Lima Teixeira Filho). São Paulo: LTr, 2019. p. 485-488 (*V- Ninguém será obrigado a filiar-se ou manter-se filiado a sindicato*). ISBN 978-85-301-0073-5.

64. *A crise da proteção social no Brasil* (Organizadores: Eliana Franco Teixeira e Vanessa Rocha Ferreira). Rio de Janeiro: Lumen Juris, 2019. p. 3-10. (*Aspectos gerais do teletrabalho no Brasil*). ISBN 978-85-519-1468-7.

65. *40 anos da ATEP: casos e memórias* (Organizador: Daniel Rodrigues Cruz). Belém: ATEP, 2019. p. 101-104 (*Breve depoimento sobre os 40 anos da ATEP*). ISBN 978-85-68980-06-4.

66. *Novas matrizes do Direito do Trabalho* (Organizadores: Luiz Eduardo Gunther e Hélio Gomes Coelho Junior). São Paulo: LTr, 2019. p. 13-19 (*Perspectivas para o mundo do trabalho, do Direito do Trabalho e da Justiça do Trabalho*). ISBN 978-85-301-0113-8.

67. *Perguntas e respostas sobre a Lei da Reforma Trabalhista* (Coordenadores: Ricardo Calcini e Luiz Eduardo Amaral de Mendonça). São Paulo: LTr, 2019. p. 234-236 (*Mesmo não sendo filiado ao sindicato da minha categoria, estão descontando do meu salário contribuição confederativa. Como proceder para não permitir esse desconto?*). ISBN 978-85-301-0107-7.

68. *Direitos sociais em tempos de pandemia* (Coordenadores: Felipe Prata Mendes, Pedro Tourinho Tupinambá e Vanessa Rocha Ferreira). São Paulo: Venturoli; Linotec, 2020. p. 29-38 (*As medidas provisórias sobre Direito do Trabalho na pandemia da COVID-19*). ISBN 978-65-991430-1-4.

69. *Direito ambiental do trabalho (apontamentos para uma teoria geral) (volume 5)* (Coordenadores: Guilherme Guimarães Feliciano, Ingo Wolfgang Sarlet, Ney Maranhão e Tiago Fensterseifer). São Paulo: LTr, 2020. (*Sustentabilidade e empregos verdes*, p. 417-419;

Greve ambiental trabalhista: instrumento de efetivação da dignidade humana do trabalhador (em colaboração com Perlla Barbosa Pereira Maués), p. 507-520). ISBN 978-85-301-0077-3.

70. *Compliance no direito trabalhista (volume 6)* (Coordenador: Sérgio Pinto Martins). São Paulo: Revista dos Tribunais, 2020. p. 63-68 (*Compliance trabalhista*). ISBN 978-65-5614-277-7.

71. *Transformações e desafios à efetividade dos direitos e garantias fundamentais (estudos em homenagem a Vicente José Malheiros da Fonseca)* (Coordenador: Océlio de Jesus Carneiro de Morais). São Paulo: LTr, 2021. p. 87-92 (*As leis sobre abolição dos escravos no Brasil*). ISBN 978-85-301-0187-9.

72. *CLT Processual (comentários à parte processual da CLT)* (Coordenadores: Radson Rangel F. Duarte, Marcelo Miranda Caetano e Ana Paula Silva Campos Miskulin). Londrina: Thoth, 2021. p. 402-404 (*Comentários aos artigos 852-A e 852-B da CLT*). ISBN 978-65-5959-081-0.

Prefácios/apresentações

1. *Limites do jus variandi do empregador*, da Prof.ª Simone Crüxen Gonçalves, do Rio Grande do Sul (São Paulo: LTr, 1997).

2. *Poderes do juiz do trabalho: direção e protecionismo processual*, do Juiz do Trabalho da 21ª Região Bento Herculano Duarte Neto, do Rio Grande do Norte (São Paulo: LTr, 1999).

3. *O Direito do Trabalho na sociedade moderna* (obra póstuma), do Ministro Orlando Teixeira da Costa, Tribunal Superior do Trabalho, de Brasília (São Paulo: LTr, 1999).

4. *Direito Sindical*, do Procurador do Trabalho José Cláudio Monteiro de Brito Filho, do Pará (São Paulo: LTr, 2000).

5. *As convenções da OIT e o Mercosul*, do Professor Marcelo Kümmel, do Rio Grande do Sul (São Paulo: LTr, 2001).

6. *O direito à educação e as Constituições brasileiras*, da Prof.ª Eliana de Souza Franco Teixeira, do Pará (Belém: Grapel, 2001).

7. *Energia elétrica: suspensão de fornecimento*, dos Profs. Raul Luiz Ferraz Filho e Maria do Socorro Patello de Moraes, do Pará (São Paulo: LTr, 2002).

8. *Discriminação no trabalho*, do Procurador do Trabalho José Cláudio Monteiro de Brito Filho, do Pará (São Paulo: LTr, 2002).

9. *Discriminação estética e contrato de trabalho*, da Prof.ª Christiane Marques, de São Paulo (São Paulo: LTr, 2002).

10. *O poeta e seu canto*, do Professor Clóvis Silva de Moraes Rego, ex-Governador do Estado do Pará (Belém, 2003).

11. *O direito ao trabalho da pessoa portadora de deficiência e o princípio constitucional da igualdade*, do Juiz do Trabalho da 11ª Região Sandro Nahmias Mello, do Amazonas (São Paulo: LTr, 2004).

12. *A prova ilícita no processo do trabalho*, do Juiz Togado do TRT da 8ª Região Luiz José de Jesus Ribeiro, do Pará (São Paulo: LTr, 2004).

13. *Licença-maternidade à mãe adotante: aspectos constitucionais*, do Juíza Togada do TRT da 2ª Região e Professora Yone Frediani, de São Paulo (São Paulo: LTr, 2004).

14. *Ventos mergulhantes*, do poeta paraense Romeu Ferreira dos Santos Neto (Belém: Pakatatu, 2007).

15. *Direito Sindical* (2. ed.), do Procurador do Trabalho da 8ª Região, Prof. Dr. José Claudio Monteiro de Brito Filho (São Paulo: LTr, 2007).

16. *A proteção ao trabalho penoso*, da Prof.ª Christiane Marques, da PUCSP (São Paulo: LTr, 2007).

17. *Regime próprio da Previdência Social*, da Dra. Maria Lúcia Miranda Alvares, Assessora Jurídica do TRT da 8ª Região (São Paulo: NDJ, 2007).

18. *Meninas domésticas, infâncias destruídas*, da Juíza do Trabalho da 8ª Região e Prof.ª Maria Zuíla Lima Dutra (São Paulo: LTr, 2007).

19. *Curso de Direito Processual do Trabalho (em homenagem ao Ministro Pedro Paulo Teixeira Manus, do Tribunal Superior do Trabalho)* (Coordenação: Hamilton Bueno). São Paulo: LTr, 2008.

20. *Competências constitucionais ambientais e a proteção da Amazônia*, da Prof.ª Dr.ª Luzia do Socorro Silva dos Santos, Juíza de Direito do Pará e Professora da Unama (Belém: Unama, 2009).

21. *Extrajudicialização dos Conflitos de Trabalho*, do Prof. Dr. Fábio Túlio Barroso, da Universidade Federal de Pernambuco (São Paulo: LTr, 2010).

22. *Polêmicas trabalhistas*, de Dr. Alexei Almeida Chapper, Advogado no Estado do Rio Grande do Sul (São Paulo: LTr, 2010).

23. *Teoria da prescrição das contribuições sociais da decisão judicial trabalhista*, do Juiz do Trabalho da 8ª Região Océlio de Jesus Carneiro Morais (São Paulo: LTr, 2013).

24. *Estudos de direitos fundamentais*, obra coletiva organizada pela Prof.ª Andreza do Socorro Pantoja de Oliveira Smith (São Paulo: PerSe, 2013).

25. *Direito e processo do trabalho contemporâneos*, do Prof. Gustavo Felipe Barbosa Garcia (São Paulo: LTr, 2016).

26. *Direitos humanos dos trabalhadores*, obra coletiva coordenada pela Prof.ª Rúbia Zanotelli de Alvarenga (São Paulo: LTr, 2016).

27. *Direito sindical*, do Prof. José Claudio Monteiro de Brito Filho (6ª ed. São Paulo: LTr, 2017).

28. *Terceirização de serviços e direitos sociais trabalhistas*, obra

coletiva organizada pelos Profs. Gustavo Felipe Barbosa Garcia e Rúbia Zanotelli de Alvarenga (São Paulo: LTr, 2017).

29. *Reforma trabalhista (análise comparativa e crítica da Lei n. 13.467/2017)*, dos Juízes do Trabalho Antônio Umberto de Souza Júnior (10ª Região), Fabiano Coelho de Souza (18ª Região), Ney Stany Morais Maranhão (8ª Região) e Platon Teixeira da Azevedo Neto (18ª Região). São Paulo: Rideel, 2017.

30. *Direito à desconexão do trabalho*, do Juiz do Trabalho e Professor Sandro Nahmias Mello (11ª Região) e da Dr.ª Karen Rosendo de Almeida Leite Rodrigues. São Paulo: LTr, 2018.

31. *Direito sindical*, do Prof. José Claudio Monteiro de Brito Filho (7. ed. São Paulo: LTr, 2018).

32. *O incidente de desconsideração da personalidade jurídica e a execução fiscal*, do Prof. e Advogado Gustavo Moreira Pamplona. Rio de Janeiro: Lumen Juris, 2018.

33. *Direito Internacional do Trabalho (estudos em homenagem ao centenário da OIT)*. Coordenação: Ney Maranhão e Pedro T. Tupinambá. São Paulo: LTr, 2019.

34. *Direito Sindical*, do Prof. José Claudio Monteiro de Brito Filho (8. ed. São Paulo: LTr, 2019).

35. *A crise da proteção social no Brasil* (Organizadoras: Eliana Franco Teixeira e Vanessa Rocha Ferreira). Rio de Janeiro: Lumen Juris, 2019.

36. *Direito à privacidade x direito à liberdade de expressão: uma análise de direitos fundamentais*, do Prof. Ronaldo Maiorana. São Paulo: Nelpa, 2019.

37. *A aplicabilidade das teorias da justiça (homenagem a José Claudio Monteiro de brito Filho)* (Organizadoras: Eliana Franco Teixeira e Vanessa Rocha Ferreira). Rio de Janeiro: Lumen Juris, 2020.

Mantenham a mente aberta, assim como a capacidade de se preocupar com a humanidade e a consciência de fazer parte dela.

Dalai Lama

Grandes descobertas e progressos invariavelmente envolvem a cooperação de várias mentes.

Alexander Graham Bell

Para Elza, sempre.

Para meus netos, Laura e Tales, esperança no amanhã.

Sumário

INTRODUÇÃO

As mudanças que vêm acontecendo na atualidade são deram-se de forma extremamente veloz e surpreendente. O ano de 2020, diferentemente do habitual, foi incomum, criando o denominado "novo normal" na vida de todos os seres humanos, em decorrência da pandemia provocada pelo novo coronavírus. A essa grave crise sanitária unem-se as mudanças no cotidiano da humanidade provocadas pelos avanços tecnológicos e pela globalização econômica.

Os meios de comunicação tornaram-se instantâneos e globalizados. As fronteiras que antes separavam os Estados hoje existem apenas como forma de afirmação de soberania, mas a própria ideia de Estado-Nação sofreu um abrandamento e flexibilizou-se, dificultando a determinação mesma do poder de cada soberania.

As interações pessoais, institucionais e empresariais superaram os limites rígidos das fronteiras físicas. A tecnologia permite que estejamos em qualquer lugar do planeta atuando como se estivéssemos em nossa residência ou em nosso local de trabalho. É o mundo do século XXI.

Essas inovações todas, surpreendentemente rápidas, refletem também no universo jurídico. É inegável o aumento das transações comerciais, por meio do *e-commerce*; ampliaram-se as questões envolvendo direito de família, máxime mediante processos de adoção de menores; crescem, ao mesmo tempo, a prática de crimes transnacionais, com efeito na convivência entre os povos, e o combate mundial à corrupção e ao tráfico de entorpecentes. Esses aspectos conduzem ao aumento de litigiosidade de abrangência internacional, sobretudo nas áreas cível e penal.

Ademais, internamente, não se reduz a demanda ao Poder Judiciário. Ao contrário, o clima de litigiosidade cada dia mais se amplia no Brasil, seja em demandas cíveis ou penais, seja na Justiça Federal comum ou na Justiça do Trabalho. Propugna-se pela solução extrajudicial de conflitos, mas esses mecanismos (mediação e arbitragem, por exemplo) ainda não são aceitos com a indispensável fidúcia pelos que se encontram em desentendimento.

É nesse meio de confrontos e conflitos que a cooperação jurídica, seja nacional ou internacional, ganha especial realce, porque o que se busca, com celeridade e justiça, é resolver as graves questões submetidas ao Estado.

No Brasil, a cooperação jurídica internacional aumentou graças à inserção do país no concerto das nações. Temos tido participação expressiva em diversos organismos internacionais, obtivemos exitosas providências no combate à corrupção e ao crime organizado, temos combatido o crime de caráter transnacional; e a tudo isso se alia o fato de os brasileiros estarem em permanente e crescente mobilidade mundo afora, e o mesmo ocorre com os estrangeiros que migram, em diversas circunstâncias, para o território brasileiro.

Este livro vem a público em um momento em que os interessados nas relações internacionais estão precisando conhecer regras e procedimentos acerca dos diversos instrumentos existentes sobre cooperação jurídica nacional e internacional, a fim de obter, de maneira mais exitosa e célere, a solução almejada aos problemas que estão enfrentando, especialmente quando o Conselho Nacional de Justiça estabelece novas e específicas diretrizes e procedimentos sobre a cooperação judiciária nacional envolvendo os diversos órgãos do Poder Judiciário e outras instituições e entidades, como a Resolução nº 350, de 17 de outubro de 2020.

A obra está dividida em cinco capítulos. No primeiro, são examinados os vários aspectos que informam as relações internacionais do Brasil, com base no regramento contido no artigo 4º da Constituição da República.

Em seguida, no capítulo segundo, são oferecidas noções gerais sobre cooperação, examinando as disposições do Código de Processo Civil, dispondo acerca de cooperação jurídica nacional e tratando do papel da Autoridade Central. No capítulo terceiro, é dedicada especial atenção à cooperação internacional em espécie. São tratados a cooperação em matéria penal e cível, a transferência de pessoas condenadas, o combate à subtração de menores e a adoção internacional. No capítulo quarto, são examinados os instrumentos da cooperação internacional, quais sejam: carta rogatória, auxílio direto, extradição e homologação de sentenças estrangeiras. No capítulo quinto, o derradeiro, cuida-se dos instrumentos de cooperação jurídica nacional: auxílio direto, reunião ou apensamento de processos, prestação de informações e atos concertados entre juízes cooperantes, além das cartas de ordem, precatória e arbitral.

Em apertada síntese, esse é o conteúdo deste livro, exclusivamente dedicado a esse polêmico e interessante tema.

Devo agradecer à Thereza Cristina Nahas — jovem e brilhante jurista brasileira, magistrada trabalhista como eu, que me convidou para escrever este livro —, na esperança de que não a decepcionei no sentido de melhor informar aos leitores.

Agradeço à minha família, sobretudo a Elza, minha esposa, pela paciência, pelo tempo de ausência, nessa azáfama de produzir um pouco, mas com a expectativa de estar contribuindo minimamente para o estudo do Direito em nosso país.

Aos leitores deste livro, espero que consigam obter respostas aos seus mais relevantes questionamentos, e que esta obra lhes atenda quanto à necessidade de conhecimento.

Belém, setembro de 2021.

Georgenor de Sousa Franco Filho

CAPÍTULO I

RELAÇÕES INTERNACIONAIS DO BRASIL

TRATAMENTO CONSTITUCIONAL

A Lei Fundamental brasileira — a Constituição da República de 1988, nosso sétimo texto máximo (as Constituições anteriores dataram de 1824, 1891, 1934, 1937, 1946 e 1967) — contempla, em seu artigo 4º, os princípios que devem reger as relações de nosso país com o restante da comunidade internacional. Indispensável então que, para tratar de cooperação jurídica nacional e internacional, devamos imperiosamente conhecer alguns aspectos relevantes desses princípios norteadores da vida do Brasil com os demais integrantes do grande clube dos Estados soberanos e independentes.

Assim, as relações internacionais brasileiras são regidas por uma dezena de princípios, a saber: I — independência nacional; II — prevalência dos direitos humanos; III autodeterminação dos povos; IV não intervenção; V. igualdade entre os Estados; VI — defesa da paz; VII — solução pacífica dos conflitos; VIII— repúdio ao terrorismo e ao racismo; IX. cooperação entre os povos para o progresso da humanidade; X — concessão de asilo político. Veremos, um a um, esses princípios fundantes da vida brasileira na sociedade internacional.

INDEPENDÊNCIA NACIONAL

O primeiro dos princípios citados — *independência nacional* — tem sua importância demonstrada em julgado do STF, da lavra do Ministro Luiz Fux, no célebre caso do pedido de extradição formulado pela República Italiana para Cesare Battisti, cidadão desse país, lá condenado por diversos crimes (Extradição nº 1.085). A ementa do aresto é elucidativa do significado de independência e merece ser reproduzida.

> RECLAMAÇÃO. PETIÇÃO AVULSA EM EXTRADIÇÃO. PEDIDO DE RELAXAMENTO DE PRISÃO. NEGATIVA, PELO PRESIDENTE DA REPÚBLICA, DE ENTREGA DO EXTRADITANDO AO PAÍS REQUERENTE. FUNDAMENTO EM CLÁUSULA DO TRATADO QUE PERMITE A RECUSA À EXTRADIÇÃO POR CRIMES POLÍTICOS. DECISÃO PRÉVIA DO SUPREMO TRIBUNAL FEDERAL CONFERINDO AO PRESIDENTE DA REPÚBLICA A PRERROGATIVA DE DECIDIR PELA REMESSA DO

EXTRADITANDO, OBSERVADOS OS TERMOS DO TRATADO, MEDIANTE ATO VINCULADO. PRELIMINAR DE NÃO CABIMENTO DA RECLAMAÇÃO ANTE A INSINDICABILIDADE DO ATO DO PRESIDENTE DA REPÚBLICA. PROCEDÊNCIA. ATO DE SOBERANIA NACIONAL, EXERCIDA, NO PLANO INTERNACIONAL, PELO CHEFE DE ESTADO. ARTS. 1º, 4º, I, E 84, VII, DA CONSTITUIÇÃO DA REPÚBLICA. ATO DE ENTREGA DO EXTRADITANDO INSERIDO NA COMPETÊNCIA INDECLINÁVEL DO PRESIDENTE DA REPÚBLICA. LIDE ENTRE ESTADO BRASILEIRO E ESTADO ESTRANGEIRO. INCOMPETÊNCIA DO SUPREMO TRIBUNAL FEDERAL. DESCUMPRIMENTO DO TRATADO, ACASO EXISTENTE, QUE DEVE SER APRECIADO PELO TRIBUNAL INTERNACIONAL DE HAIA. PAPEL DO PRETÓRIO EXCELSO NO PROCESSO DE EXTRADIÇÃO. SISTEMA "BELGA" OU DA "CONTENCIOSIDADE LIMITADA". LIMITAÇÃO COGNITIVA NO PROCESSO DE EXTRADIÇÃO. ANÁLISE RESTRITA APENAS AOS ELEMENTOS FORMAIS. DECISÃO DO SUPREMO TRIBUNAL FEDERAL QUE SOMENTE VINCULA O PRESIDENTE DA REPÚBLICA EM CASO DE INDEFERIMENTO DA EXTRADIÇÃO. AUSÊNCIA DE EXECUTORIEDADE DE EVENTUAL DECISÃO QUE IMPONHA AO CHEFE DE ESTADO O DEVER DE EXTRADITAR. PRINCÍPIO DA SEPARAÇÃO DOS PODERES (ART. 2º CRFB). EXTRADIÇÃO COMO ATO DE SOBERANIA. IDENTIFICAÇÃO DO CRIME COMO POLÍTICO TRADUZIDA EM ATO IGUALMENTE POLÍTICO. INTERPRETAÇÃO DA CLÁUSULA DO DIPLOMA INTERNACIONAL QUE PERMITE A NEGATIVA DE EXTRADIÇÃO "SE A PARTE REQUERIDA TIVER RAZÕES PONDERÁVEIS PARA SUPOR QUE A PESSOA RECLAMADA SERÁ SUBMETIDA A ATOS DE PERSEGUIÇÃO". CAPACIDADE INSTITUCIONAL ATRIBUÍDA AO CHEFE DE ESTADO PARA PROCEDER À VALORAÇÃO DA CLÁUSULA PERMISSIVA DO DIPLOMA INTERNACIONAL. VEDAÇÃO À INTERVENÇÃO DO JUDICIÁRIO NA

POLÍTICA EXTERNA BRASILEIRA. ART. 84, VII, DA CONSTITUIÇÃO DA REPÚBLICA. ALEGADA VINCULAÇÃO DO PRESIDENTE AO TRATADO. GRAUS DE VINCULAÇÃO À JURIDICIDADE. EXTRADIÇÃO COMO ATO POLÍTICO-ADMINISTRATIVO VINCULADO A CONCEITOS JURÍDICOS INDETERMINADOS. NON-REFOULEMENT. RESPEITO AO DIREITO DOS REFUGIADOS. LIMITAÇÃO HUMANÍSTICA AO CUMPRIMENTO DO TRATADO DE EXTRADIÇÃO (ARTIGO III, 1, f). INDEPENDÊNCIA NACIONAL (ART. 4º, I, CRFB). RELAÇÃO JURÍDICA DE DIREITO INTERNACIONAL, NÃO INTERNO. CONSEQUÊNCIAS JURÍDICAS DO DESCUMPRIMENTO QUE SE RESTRINGEM AO ÂMBITO INTERNACIONAL. DOUTRINA. PRECEDENTES. RECLAMAÇÃO NÃO CONHECIDA. MANUTENÇÃO DA DECISÃO DO PRESIDENTEDA REPÚBLICA. DEFERIMENTO DO PEDIDO DE SOLTURA DO EXTRADITANDO.

1. Questão de Ordem na Extradição nº 1.085: "A decisão de deferimento da extradição não vincula o Presidente da República, nos termos dos votos proferidos pelos Senhores Ministros Cármen Lúcia, Joaquim Barbosa, Carlos Britto, Marco Aurélio e Eros Grau". Do voto do Min. Eros Grau extrai-se que "O conceito de ato vinculado que o relator tomou como premissa [...] é, no entanto, excessivamente rigoroso. [...] o conceito que se adotou de ato vinculado, excessivamente rigoroso, exclui qualquer possibilidade de interpretação/aplicação, pelo Poder Executivo, da noção de fundado temor de perseguição".

2. A prova emprestada utilizada sem o devido contraditório, encartada nos acórdãos que deram origem à condenação do extraditando na Itália, no afã de agravar a sua situação jurídica, é vedada pelo art. 5º, LV e LVI, da Constituição, na medida em que, além de estar a matéria abrangida pela preclusão, isto importaria verdadeira utilização de prova emprestada sem a observância do Contraditório, traduzindo-se em prova ilícita.

3. O Tratado de Extradição entre a República Federativa do Brasil e a República Italiana, no seu artigo III, 1, f, permite a não entrega do cidadão da parte requerente quando "a parte requerida tiver razões ponderáveis para supor que a pessoa reclamada será submetida a atos de perseguição".
4. O art. 560 do CPC, aplicável subsidiariamente ao rito da Reclamação, dispõe que "Qualquer questão preliminar suscitada no julgamento será decidida antes do mérito, deste não se conhecendo se incompatível com a decisão daquela".
5. Deveras, antes de deliberar sobre a existência de poderes discricionários do Presidente da República em matéria de extradição, ou mesmo se essa autoridade se manteve nos lindes da decisão proferida pelo Colegiado anteriormente, é necessário definir se o ato do Chefe de Estado é sindicável pelo Judiciário, em abstrato.
6. O art. 1º da Constituição assenta como um dos Fundamentos do Estado Brasileiro a sua soberania — que significa o poder político supremo dentro do território, e, no plano internacional, no tocante às relações da República Federativa do Brasil com outros Estados Soberanos, nos termos do art. 4º, I, da Carta Magna.
7. A Soberania Nacional no plano transnacional funda-se no princípio da independência nacional, efetivada pelo Presidente da República, consoante suas atribuições previstas no art. 84, VII e VIII, da Lei Maior.
8. A soberania, dicotomizada em interna e externa, tem na primeira a exteriorização da vontade popular (art. 14 da CRFB) através dos representantes do povo no parlamento e no governo; na segunda, a sua expressão no plano internacional, por meio do Presidente da República.
9. No campo da soberania, relativamente à extradição, é assente que o ato de entrega do extraditando é exclusivo, da competência indeclinável do Presidente da República, conforme consagrado na Constituição, nas

Leis, nos Tratados e na própria decisão do Egrégio Supremo Tribunal Federal na Extradição nº 1.085.

10. O descumprimento do Tratado, em tese, gera uma lide entre Estados soberanos, cuja resolução não compete ao Supremo Tribunal Federal, que não exerce soberania internacional, máxime para impor a vontade da República Italiana ao Chefe de Estado brasileiro, cogitando-se de mediação da Corte Internacional de Haia, nos termos do art. 92 da Carta das Nações Unidas de 1945.

11. O sistema "belga" ou "da contenciosidade limitada", adotado pelo Brasil, investe o Supremo Tribunal Federal na categoria de órgão juridicamente existente apenas no âmbito do direito interno, devendo, portanto, adstringir-se a examinar a legalidade da extradição; é dizer, seus aspectos formais, nos termos do art. 83 da Lei nº6.815/80 ("Nenhuma extradição será concedida sem prévio pronunciamento do Plenário do Supremo Tribunal Federal sobre sua legalidade e procedência, não cabendo recurso da decisão").

12. O Presidente da República, no sistema vigente, resta vinculado à decisão do Supremo Tribunal Federal apenas quando reconhecida alguma irregularidade no processo extradicional, de modo a impedir a remessa do extraditando ao arrepio do ordenamento jurídico, nunca, contudo, para determinar semelhante remessa, porquanto, o Poder Judiciário deve ser o último guardião dos direitos fundamentais de um indivíduo, seja ele nacional ou estrangeiro, mas não dos interesses políticos de Estados alienígenas, os quais devem entabular entendimentos com o Chefe de Estado, vedada a pretensão de impor sua vontade através dos Tribunais internos.

13. In casu, ao julgar a extradição no sentido de ser possível a entrega do cidadão estrangeiro, por inexistirem óbices, o Pretório Excelso exaure a sua função, por isso que functus officio est — cumpre e acaba

a sua função jurisdicional —, conforme entendeu esta Corte, por unanimidade, na Extradição nº 1.114, assentando, verbis: "O Supremo Tribunal limita-se a analisar a legalidade e a procedência do pedido de extradição (Regimento Interno do Supremo Tribunal Federal, art. 207; Constituição da República, art. 102, Inc. I, alínea g; e Lei n. 6.815/80, art. 83): indeferido o pedido, deixa-se de constituir o título jurídico sem o qual o Presidente da República não pode efetivar a extradição; se deferida, a entrega do súdito ao Estado requerente fica a critério discricionário do Presidente da República" (Ext 1114, Relator(a): Min. CÁRMEN LÚCIA, Tribunal Pleno, julgado em 12/06/2008).

14. A anulação, pelo Supremo Tribunal Federal, da decisão do Ministro da Justiça que concedeu refúgio político ao extraditando, não o autoriza, a posteriori, a substituir-se ao Chefe de Estado e determinar a remessa do extraditando às autoridades italianas. O descumprimento do Tratado de Extradição, ad argumentandum tantum, gera efeitos apenas no plano internacional, e não no plano interno, motivo pelo qual não pode o Judiciário compelir o Chefe de Estado a entregar o súdito estrangeiro.

15. O princípio da separação dos Poderes (art. 2º CRFB), indica não competir ao Supremo Tribunal Federal rever o mérito de decisão do Presidente da República, enquanto no exercício da soberania do país, tendo em vista que o texto constitucional conferiu ao chefe supremo da Nação a função de representação externa do país.

16. A decisão presidencial que negou a extradição, com efeito, é autêntico ato de soberania, definida por Marie-Joëlle Redor como o "poder que possui o Estado para impor sua vontade aos indivíduos que vivem sobre seu território" (De L'Etat Legal a L'Etat de Droit. 'Evolution des Conceptions de la Doctrine Publiciste Française. 1879-1914. Presses Universitaires d'Aix-Marseille, p. 61).

17. O ato de extraditar consiste em "ato de vontade soberana de um Estado que entrega à justiça repressiva de outro Estado um indivíduo, por este perseguido e reclamado, como acusado ou já condenado por determinado fato sujeito à aplicação da lei penal" (RODRIGUES, Manuel Coelho. A Extradição no Direito Brasileiro e na Legislação Comparada. Tomo I. Rio de Janeiro: Imprensa Nacional, 1930. p. 3).

18. A extradição não é ato de nenhum Poder do Estado, mas da República Federativa do Brasil, pessoa jurídica de direito público externo, representada na pessoa de seu Chefe de Estado, o Presidente da República. A Reclamação por descumprimento de decisão ou por usurpação de poder, no caso de extradição, deve considerar que a Constituição de 1988 estabelece que a soberania deve ser exercida, em âmbito interno, pelos três Poderes (Executivo, Legislativo e Judiciário) e, no plano internacional, pelo Chefe de Estado, por isso que é insindicável o poder exercido pelo Presidente da República e, consequentemente, incabível a Reclamação, porquanto juridicamente impossível submeter o ato presidencial à apreciação do Pretório Excelso.

19. A impossibilidade de vincular o Presidente da República à decisão do Supremo Tribunal Federal se evidencia pelo fato de que inexiste um conceito rígido e absoluto de crime político. Na percuciente observação de Celso de Albuquerque Mello, "A conceituação de um crime como político é [...] um ato político em si mesmo, com toda a relatividade da política" (Extradição. Algumas observações. In: O Direito Internacional Contemporâneo. Org: Carmen Tiburcio; Luís Roberto Barroso. Rio de Janeiro: Renovar, 2006. p. 222-223).

20. Compete ao Presidente da República, dentro da liberdade interpretativa que decorre de suas atribuições de Chefe de Estado, para caracterizar a natureza dos delitos, apreciar o contexto político

atual e as possíveis perseguições contra o extraditando relativas ao presente, na forma do permitido pelo texto do Tratado firmado (art. III, 1, f); por isso que, ao decidir sobre a extradição de um estrangeiro, o Presidente não age como Chefe do Poder Executivo Federal (art. 76 da CRFB), mas como representante da República Federativa do Brasil.

21. O juízo referente ao pedido extradicional é conferido ao "Presidente da República, com apoio em juízo discricionário, de caráter eminentemente político, fundado em razões de oportunidade, de conveniência e/ou de utilidade [...] na condição de Chefe de Estado" (Extradição nº 855, Ministro Relator Celso de Mello, DJ de 1º.7.2006).

22. O Chefe de Estado é a figura constitucionalmente capacitada para interpretar a cláusula do Tratado de Extradição, por lhe caber, de acordo com o art. 84, VII, da Carta Magna, "manter relações com Estados estrangeiros".

23. O Judiciário não foi projetado pela Carta Constitucional para adotar decisões políticas na esfera internacional, competindo esse mister ao Presidente da República, eleito democraticamente e com legitimidade para defender os interesses do Estado no exterior; aplicável, in casu, a noção de capacidades institucionais, cunhada por Cass Sunstein e Adrian Vermeule (Interpretation and Institutions. U Chicago Law & Economics, Olin Working Paper, nº 156, 2002; U Chicago Public Law Research Paper nº 28).

24. É assente na jurisprudência da Corte que "a efetivação, pelo governo, da entrega do extraditando, autorizada pelo Supremo Tribunal Federal, depende do Direito Internacional Convencional" (Extradição nº 272. Relator(a): Min. VICTOR NUNES, Tribunal Pleno, julgado em 07/06/1967).

25. O Supremo Tribunal Federal, na Extradição nº 1.085, consagrou que o ato de extradição é ato vinculado aos termos do Tratado, sendo

que a exegese da vinculação deve ser compreendida de acordo com a teoria dos graus de vinculação à juridicidade.

26. O pós-positivismo jurídico, conforme argutamente aponta Gustavo Binenbojm, "não mais permite falar, tecnicamente, numa autêntica dicotomia entre atos vinculados e discricionários, mas, isto sim, em diferentes graus de vinculação dos atos administrativos à juridicidade" (Uma Teoria do Direito Administrativo. 2. ed. Rio de Janeiro: Renovar, 2008. p. 208).

27. O ato político-administrativo de extradição é vinculado a conceitos jurídicos indeterminados, em especial, in casu, a cláusula do artigo III, 1, f, do Tratado, permissiva da não entrega do extraditando.

28. A Cooperação Internacional em matéria Penal é limitada pela regra do non-refoulement (art. 33 da Convenção de Genebra de 1951), segundo a qual é vedada a entrega do solicitante de refúgio a um Estado quando houver ameaça de lesão aos direitos fundamentais do indivíduo.

29. O provimento jurisdicional que pretende a República Italiana é vedado pela Constituição, seja porque seu art. 4º, I e V, estabelece que a República Federativa do Brasil rege-se, nas suas relações internacionais, pelos princípios da independência nacional e da igualdade entre os Estados, seja pelo fato de, no supracitado art. 84, VII, conferir apenas ao Presidente da República a função de manter relações com Estados estrangeiros.

30. Reclamação não conhecida, mantendo-se a decisão da Presidência da República. Petição Avulsa provida para que se proceda à imediata liberação do extraditando, se por al não estiver preso[1].

---

[1] Disponível em: https://jurisprudencia.stf.jus.br/pages/search?classeNumero Incidente=%22Ext%20 1085%22&base=acordaos&sinonimo=true&plural= true&page=1&pageSize=10&sort=_ score&sortBy=desc&isAdvanced=true. Acesso em: 28 set. 2020. Trata-se da Extradição n. 1.085, pedida pela República Italiana, j. 08/06/2011. Red. p/ Acórdão: Ministro Luiz Fux.

PREVALÊNCIA DOS DIREITOS HUMANOS

O segundo princípio é o da *prevalência dos direitos humanos*, que, no Direito Internacional, tem seu marco na adoção da Declaração Universal dos Direitos Humanos (DUDH), em 10 de dezembro de 1948, pela Assembleia Geral das Nações Unidas. Embora norma de *soft law*, a DUDH, seguindo o espírito que norteou e norteia, na Carta de São Francisco, as atividades mesmas da ONU, é moralmente obrigatória para todos os Estados, e, a partir de 1966, com os dois tratados assinados naquele ano, seus direitos tornaram-se obrigatórios Trata-se do Pacto Internacional sobre Direitos Civis e Políticos e do Pacto Internacional sobre Direitos Econômicos, Sociais e Culturais, ambos ratificados pelo Brasil[2].

[2] Foram promulgados, respectivamente, pelos Decretos nºs 591 e 592, ambos de 6 de junho de 1992.

Também em nível internacional, destacam-se a Convenção contra a Tortura e Outros Tratamentos ou Penas Cruéis, Desumanos ou Degradantes, de 10 de dezembro de 1984[3], e a Convenção sobre os Direitos da Criança, de 1989[4], igualmente ratificadas pelo Brasil.

No direito internacional americano, incorporadas ao nosso ordenamento, realce especial para a Convenção Americana sobre Direitos Humanos (Pacto de São José da Costa Rica, de 22 de novembro de 1969)[5], a Convenção Interamericana para Prevenir e Punir a Tortura, assinada em Cartagena, em 9 de dezembro de 1985[6], e Convenção Interamericana para Prevenir, Punir e Erradicar a Violência contra a Mulher, concluída em Belém do Pará, em 9 de junho de 1994[7].

A prevalência dos direitos humanos mereceu destaque na Constituição de 1988 aquando da Emenda Constitucional nº 45/2004, que introduziu o § 3º do seu artigo 5º, considerando em nível de emendas constitucionais os tratados ratificados pelo Brasil que versem sobre direitos humanos *stricto sensu.*

Até setembro de 2020, apenas dois tratados internacionais foram incorporados nesses termos: a Convenção Internacional sobre os Direitos das Pessoas com Deficiência e seu Protocolo Facultativo, assinados em Nova York, em 30 de março de 2007, promulgado pelo Decreto n o 6.949, de 25 de agosto de 2009; e o Tratado para Facilitar o Acesso a Obras Publicadas às Pessoas Cegas, com Deficiência Visual ou com Outras Dificuldades para Ter Acesso ao Texto Impresso, firmado

---

[3] Promulgada pelo Decreto no 40, de 15 de fevereiro de 1991.

[4] Promulgada pelo Decreto no 99.710, de 21 de novembro de 1990.

[5] Promulgada pelo Decreto nº 678, de 6 de novembro de 1992.

[6] Promulgada pelo Decreto no 98.386, de 9 de dezembro de 1989.

[7] Promulgada pelo Decreto nº 1.973, de 1º de agosto de 1996.

em Marrakesh, no Marrocos, em 27 de junho de 2013, e promulgado pelo Decreto nº 9.522, de 8 de outubro de 2018.

Os demais tratados, anteriores à Emenda Constitucional nº 45/2004, não possuem o mesmo nível (de emenda constitucional), porém existe posicionamento do Excelso Pretório no sentido de admitir ora o princípio da supralegalidade, ora o princípio da convencionalidade, privilegiando os atos que envolvam direito humanos em sentido estrito.

Quando ao primeiro, escrevemos alhures:

> A partir do julgamento do HC nº 94.013-SP, de 10.2.2009, Relator: Min. Carlos Britto, o STF mudou completamente sua posição, consagrando o princípio da supralegalidade. Cuidava-se da aplicação do Pacto da Costa Rica, na parte referente à prisão de depositário infiel, e o relator assentou que a validade interna dessa norma internacional decorre do § 2º do art. 5º da Constituição, que prevalece como norma supralegal em nossa ordem jurídica interna e, assim, proíbe a prisão civil por dívida. Não é norma constitucional — à falta do rito exigido pelo § 3º do art. 5º —, mas a sua hierarquia intermediária de norma supralegal autoriza afastar regra ordinária brasileira que possibilite a prisão civil por dívida[8].

Pertinentemente ao controle de convencionalidade, é feita a análise da compatibilidade da lei com tratados de direitos humanos, podendo ser concentrados, por meio de ação própria ou por via de exceção ou difuso, quando são examinados em qualquer grau de jurisdição. Com essa modalidade de controle, é possível questionar as normas internas que violem a Constituição e os tratados internacionais ratificados que cuidem de direitos humanos.

---

[8] FRANCO FILHO, Georgenor de Sousa. *Curso de direito do trabalho*. 5. ed., São Paulo: LTr, 2019. p. 66.

AUTODETERMINAÇÃO DOS POVOS E NÃO INTERVENÇÃO

Esses dois princípios estão intimamente relacionados e devem ser apreciados conjuntamente.

A *autodeterminação dos povos* é uma das principais bases das Nações Unidas, como consigna o artigo 1º, 2, da Carta de São Francisco, que elenca seus propósitos:

> 2. Desenvolver relações amistosas entre as nações, baseadas no respeito ao princípio de igualdade de direitos e de autodeterminação dos povos, e tomar outras medidas apropriadas ao fortalecimento da paz universal;

Essa atenção é reiterada quando, no artigo 55, menciona-se a cooperação internacional econômica e social.

O princípio da autodeterminação dos povos garante que todo país tem o direito de se autogovernar, sem intervenções de terceiros, com o exercício sua soberania interna em sua plenitude.

Quanto ao princípio da não intervenção, que está relacionado diretamente ao da autodeterminação dos povos, temos que, conforme o Direito Internacional, nenhum Estado deve intervir em outro, assegurando-lhe, assim, sua independência e sua soberania

Nas Nações Unidas, essa regra está assente no artigo 2, 7, ao elencar os princípios da organização.

> 7. Nenhum dispositivo da presente Carta autorizará as Nações Unidas a intervirem em assuntos que dependam essencialmente da jurisdição de qualquer Estado ou obrigará os membros a submeterem tais assuntos a uma solução, nos termos da presente Carta; este princípio, porém, não prejudicará a aplicação das medidas coercitivas constantes do Capítulo VII.

A alusão ao Capítulo VII remete à ação relativa a ameaças à paz, ruptura da paz e atos de agressão, quando, indispensável, deve ser provocado o Conselho de Segurança da Organização com seu criticável direito de veto, reconhecido apenas a China, Estados Unidos, França, Reino Unido e Rússia.

IGUALDADE ENTRE OS ESTADOS

O princípio da igualdade entre os Estados deitará suas raízes no Tratado de Vestfália, de 1648, que marcou o fim da Guerra dos Trinta Anos. Pelo menos em tese, todos os Estados integrantes da sociedade internacional são iguais, ao menos formalmente, tanto que, no Direito Internacional americano, esse comando está expresso como um dos princípios norteadores das Nações Unidas, no artigo 2, 1, da Carta de São Francisco: *"1. A Organização é baseada no princípio da igualdade soberana de todos os seus membros"*.

É certo, todavia, que existe o sempre criticado direito de veto dos cinco membros permanentes do Conselho de Segurança da ONU, que, por esse motivo, os coloca em um patamar diferenciado em relação aos demais integrantes da organização. Isso, entretanto, não deve significar nota que distinga e inferiorize os outros sem direito de veto, porquanto apenas questões limitadas são submetidas àquele órgão das Nações Unidas.

DEFESA DA PAZ

O dilema entre guerra e paz é vivido pela humanidade desde sempre. O jurista Hugo Grócio escreveu a clássica obra *De jure belli ac pacis*, na qual dividiu o Direito Internacional entre Direito da Guerra e Direito da Paz. A paz é o desejo de toda a humanidade, e a cada dia sua concretização torna-se menos possível.

Como não existem mais as guerras chamadas *mundiais*, como as duas grandes guerras do século XX, vivemos agora em um mundo em conflitos de todos os matizes, inclusive os armados internos, que têm ocasionado a perda de milhões de vidas. O Brasil tem tido destacado papel em diversas missões de paz das Nações Unidas, atuando, desde 1957, em mais de vinte missões em países na África, na Ásia e na América, o que ressalta a relevância do princípio de defesa da paz mundial, que, por igual, é o primeiro dos propósitos das Nações Unidas (artigo 1, 1), qual seja, o da manutenção da paz e da segurança internacionais.

SOLUÇÃO PACÍFICA DOS CONFLITOS

A solução pacífica das controvérsias é uma das linhas-mestras da política externa brasileira.

Em termos econômicos, o Brasil adota mecanismos de solução de controvérsias, como o Órgão de Solução de Controvérsias da Organização Mundial do Comércio (OMC), além de marcar presença em diversos tribunais internacionais, como a Corte Internacional de Justiça da Haia e a Corte Americana de Direitos Humanos de São José da Costa Rica, com a participação, em ambas, do jurista Antônio Augusto Cançado Trindade; o Tribunal Penal Internacional da Haia, com a atuação da jurista Sylvia Steiner; o Tribunal Internacional para o Direito do Mar de Hamburgo e a Corte Permanente de Arbitragem da Haia, nos quais realçou-se a figura do saudoso mestre Vicente Marotta Rangel.

Deve ser ressaltada a utilização da arbitragem como mecanismo extrajudicial heterônomo de solução de conflitos.

Tratar desse tema importa em distinguir arbitragem de arbitramento e arbitrariedade. O primeiro é instrumento para resolver conflitos; o segundo é quantificação, fixação do *quantum* de determinada coisa; já o terceiro é uma atitude que independe de lei, significando um capricho pessoal, um comportamento discricionário ou discriminatório[9].

Trata-se a arbitragem de um mecanismo antigo, com referências que remontam ao Antigo Testamento (Gênesis:31, 35-37), em uma disputa entre Jacó e Labão. Na Grécia, Platão cuida da arbitragem no Diálogo das Leis, e há notícias de tratado entre Atenas e Esparta contendo uma cláusula compromissória.

No Brasil, é prática igualmente antiga. No Brasil Colônia, era prevista no Assento de 10/11/1664. No Brasil Império, o artigo 294 do Código Comercial de 1850 previa: "*Todas as questões sociais que se suscitarem entre os sócios durante a existência da sociedade ou companhia, sua liquidação ou partilha, serão decididas em juízo arbitral*".

Todavia, nossa história registra a famosa questão Christie, envolvendo tripulantes de uma embarcação inglesa aprisionados no Rio de Janeiro, e obtivemos laudo arbitral favorável do Rei Leopoldo da Bélgica, em 1863[10].

Boa parte da formação das fronteiras brasileiras é fruto de arbitragem ou teve cláusula compromissória inserida nos tratados

---

[9] FRANCO FILHO, Georgenor de Sousa, *op. cit.*, p. 523.

[10] Assim consignamos em nosso *A arbitragem e os conflitos coletivos de trabalho no Brasil*. São Paulo: LTr, 1990. p. 22-23.

sobre o tema, como o de Petrópolis (artigo 4º), celebrado com a Bolívia sobre a questão do Acre, mas que não chegou a ser aplicada.

Com a Argentina, acerca do Tratado de Madri de 1759, celebramos tratado em 1889, para resolver a disputa do território de Palmas/Missões, tendo a defesa brasileira sido atribuída a Rio Branco, com laudo favorável a nosso país, de 1895, do Presidente Cleveland, dos Estados Unidos.

Importantíssimo o compromisso arbitral celebrado em 1897 com a França e que colocou fim à posse do território do atual estado do Amapá. Disputa famosa, visando à interpretação do Tratado de Utrecht, de 1813, acerca do curso do rio Oiapoque, muito poderia ser escrito sobre esse momento singular da história brasileira e que permanece praticamente esquecido, desde o trabalho diplomático de Rio Branco, passando pela luta patriótica de Cabralzinho, o herói do Amapá, e alcançando os relevantes trabalhos de José Ferreira Teixeira, Juiz de Direito, que forneceu títulos de terra aos brasileiros que moravam na área do chamado *Contestado*, garantindo os fundamentos para o argumento do *uti possidetis*, e os estudos geográficos de Joaquim Caetano da Silva, distinguindo os cursos dos rios Calçoene e Oiapoque. O resultado dessa histórica controvérsia foi o Laudo de Berna, de 1900, do Presidente do Conselho Federal Suíço Walther Hauser, favorável ao Brasil.

Uma única decisão arbitral foi contrária a nosso país, cujos interesses foram defendidos por Joaquim Nabuco — o laudo de Roma, do Rei Vittorio Emmanuel, da Itália, resultado do Tratado de Londres de 1901, celebrado com a Inglaterra. Foi fixado o limite da atual República da Guiana, tendo sido fechada ao Brasil a bacia do rio Essequibo.

De igual sorte, temos arbitragem admitida em matéria trabalhista, excelente instrumento para solucionar conflitos nessa área, admitido desde o Decreto nº 1.037, de 5 de janeiro de 1907, tratando da arbitragem realizada pelos sindicatos, hoje admitida nas questões individuais e coletivas, e como arbitragem de ofertas finais, em temas como participação dos trabalhadores nos lucros ou resultados da empresa (Lei nº 10.101, de 19 de dezembro de 2000), e trabalho portuário (Lei nº 12.815, de 5 de junho de 2013).

No plano internacional, a Convenção de Nova York, de 10 de junho de 1958, sobre reconhecimento e execução de laudos arbitrais, é o tratado internacional a cuidar objetivamente de arbitragem comercial internacional. Essa convenção exige que o acordo que preveja a possibilidade de resolução do conflito pela via arbitral seja necessariamente escrito e tenha indispensavelmente uma cláusula compromissória ou um compromisso arbitral (artigo 2º).

Dois outros importantes tratados cuidam de arbitragem: a Convenção de Genebra sobre arbitragem comercial internacional, de 21 de abril de 1961, e a Convenção de Washington sobre arbitragem em investimentos, de 18 de março de 1965, além da Lei Modelo da UNCITRAL sobre Arbitragem Comercial Internacional. UNCITRAL é a Comissão das Nações Unidas para o Direito Comercial Internacional, órgão subsidiário da Assembleia Geral da ONU e de papel fundamental no incremento da arbitragem comercial em todo o mundo.

Atualmente, fala-se em arbitragem no ciberespaço, que envolve problemas como a determinação do foro competente e da legislação aplicável, demandando, portanto, expressivo esforço e cuidado na elaboração do compromisso arbitral. A arbitragem virtual é, com efeito, um método prático, rápido e eficaz de solução de conflitos, com expressivas vantagens para as partes, entre elas a redução de custos e a facilidade e celeridade na resolução da pendência, com economia de tempo, embora continue mais onerosa que os custos de um processo judicial tradicional.

COMBATE AO TERRORISMO E AO RACISMO

Essas duas práticas contrariam grandemente os princípios mais rudimentares do Direito, violando a dignidade da pessoa humana e deixando-a entregue ao completo abandono e estado de perigo, muitas vezes letal.

8.1 Terrorismo

O terrorismo ocorre por meio de ataques a pessoas e instalações públicas ou privadas, gerando pavor nas iminentes vítimas e repercutindo em toda a população.

É possível identificar várias modalidades de terrorismo. Sem pretender esgotar o elenco, enumeramos os seguintes: (1) terrorismo físico, que ocorre quando existe uso de violência e tortura, podendo ocorrer homicídios a fim de obrigar as pessoas a aceitar seus interesses e suas vontades; (2) terrorismo psicológico, por meio do medo provocado pela divulgação de informações e notícias, instigando uma verdadeira guerra psicológica; (3) terrorismo econômico, quando se pretende pressionar economicamente um grupo de pessoas por meio de diversas medidas incorretas, prejudicando sua vida e seu sustento; (4) terrorismo de Estado, quando os governantes promovem a manipulação dos habitantes do Estado de acordo com seus interesses, sem qualquer intenção de atender aos verdadeiros reclamos da população, impondo-lhes um regime de terror; e (5) terrorismo religioso, o que se tem verificado de forma mais acentuada nos últimos tempos, quando decorre de alguma religião, como o caso do terrorismo islâmico, com determinados grupos localizados em países do Oriente Médio representando verdadeiros atentados aos direitos humanos em geral.

A Suprema Corte brasileira posicionou-se no combate ao terrorismo, de que é exemplo a ementa do aresto a seguir transcrita.

> EXTRADIÇÃO — ATOS DELITUOSOS DE NATUREZA TERRORISTA — DESCARACTERIZAÇÃO DO TERRORISMO COMO PRÁTICA DE CRIMINALIDADE POLÍTICA — CONDENAÇÃO DO EXTRADITANDO A DUAS (2) PENAS DE PRISÃO PERPÉTUA — INADMISSIBILIDADE DESSA PUNIÇÃO NO SISTEMA CONSTITUCIONAL BRASILEIRO (CF, ART. 5º, XLVII, "B") — EFETIVAÇÃO EXTRADICIONAL DEPENDENTE DE PRÉVIO COMPROMISSO DIPLOMÁTICO CONSISTENTE NA COMUTAÇÃO, EM PENAS TEMPORÁRIAS NÃO SUPERIORES A 30 ANOS, DA PENA DE PRISÃO PERPÉTUA — PRETENDIDA EXECUÇÃO IMEDIATA DA ORDEM EXTRADICIONAL, POR DETERMINAÇÃO DO SUPREMO TRIBUNAL FEDERAL — IMPOSSIBILIDADE — PRERROGATIVA QUE ASSISTE, UNICAMENTE, AO PRESIDENTE DA REPÚBLICA, ENQUANTO CHEFE

DE ESTADO — PEDIDO DEFERIDO, COM RESTRIÇÃO. O REPÚDIO AO TERRORISMO: UM COMPROMISSO ÉTICO-JURÍDICO ASSUMIDO PELO BRASIL, QUER EM FACE DE SUA PRÓPRIA CONSTITUIÇÃO, QUER PERANTE A COMUNIDADE INTERNACIONAL. — Os atos delituosos de natureza terrorista, considerados os parâmetros consagrados pela vigente Constituição da República, não se subsumem à noção de criminalidade política, pois a Lei Fundamental proclamou o repúdio ao terrorismo como um dos princípios essenciais que devem reger o Estado brasileiro em suas relações internacionais (CF, art. 4º, VIII), além de haver qualificado o terrorismo, para efeito de repressão interna, como crime equiparável aos delitos hediondos, o que o expõe, sob tal perspectiva, a tratamento jurídico impregnado de máximo rigor, tornando-o inafiançável e insuscetível da clemência soberana do Estado e reduzindo-o, ainda, à dimensão ordinária dos crimes meramente comuns (CF, art. 5º, XLIII). — A Constituição da República, presentes tais vetores interpretativos (CF, art. 4º, VIII, e art. 5º, XLIII), não autoriza que se outorgue, às práticas delituosas de caráter terrorista, o mesmo tratamento benigno dispensado ao autor de crimes políticos ou de opinião, impedindo, desse modo, que se venha a estabelecer, em torno do terrorista, um inadmissível círculo de proteção que o faça imune ao poder extradicional do Estado brasileiro, notadamente se se tiver em consideração a relevantíssima circunstância de que a Assembleia Nacional Constituinte formulou um claro e inequívoco juízo de desvalor em relação a quaisquer atos delituosos revestidos de índole terrorista, a estes não reconhecendo a dignidade de que muitas vezes se acha impregnada a prática da criminalidade política. EXTRADITABILIDADE DO TERRORISTA: NECESSIDADE DE PRESERVAÇÃO DO PRINCÍPIO DEMOCRÁTICO E ESSENCIALIDADE DA COOPERAÇÃO INTERNACIONAL NA REPRESSÃO AO TERRORISMO. — O estatuto da criminalidade política não se revela aplicável nem se mostra extensível, em sua projeção jurídico-constitucional, aos atos delituosos que traduzam práticas terroristas, sejam aquelas cometidas por particulares, sejam aquelas perpetradas com o apoio oficial do próprio aparato governamental, à semelhança do que se registrou, no Cone Sul, com a adoção, pelos regimes militares sul-americanos, do modelo desprezível do terrorismo de Estado. — O terrorismo — que traduz expressão de uma macrodelinquência capaz de afetar a segurança, a integridade e a paz dos cidadãos e das sociedades organizadas — constitui fenômeno criminoso da mais alta gravidade, a que a comunidade internacional não pode permanecer indiferente, eis que o ato terrorista atenta contra as próprias bases em que se apóia o Estado democrático de direito, além de representar ameaça inaceitável às instituições políticas e às liberdades públicas, o que autoriza excluí-lo da benignidade de tratamento que a Constituição do Brasil (art. 5º, LII) reservou aos atos configuradores de criminalidade política. — A cláusula de proteção constante do art. 5º, LII da Constituição da República - que veda a extradição de estrangeiros por crime político ou de opinião — não se estende, por tal razão, ao autor de atos delituosos de natureza terrorista, considerado o frontal repúdio que a ordem constitucional brasileira dispensa ao terrorismo e ao terrorista. — A extradição — enquanto meio legítimo de cooperação internacional na repressão às práticas de criminalidade comum — representa instrumento de significativa importância no combate eficaz ao terrorismo, que constitui "uma grave ameaça para os valores democráticos e para a paz e a segurança internacionais [...]" (Convenção Interamericana Contra o Terrorismo, Art. 11), justificando-se, por isso mesmo, para efeitos extradicionais, a sua descaracterização como delito de natureza política. Doutrina. EXTRADIÇÃO E PRISÃO PERPÉTUA: NECESSIDADE DE PRÉVIA COMUTAÇÃO, EM PENA TEMPORÁRIA (MÁXIMO DE 30 ANOS), DA PENA DE PRISÃO PERPÉTUA

— REVISÃO DA JURISPRUDÊNCIA DO SUPREMO TRIBUNAL FEDERAL, EM OBEDIÊNCIA À DECLARAÇÃO CONSTITUCIONAL DE DIREITOS (CF, ART. 5º, XLVII, "b""). — A extradição somente será deferida pelo Supremo Tribunal Federal, tratando-se de fatos delituosos puníveis com prisão perpétua, se o Estado requerente assumir, formalmente, quanto a ela, perante o Governo brasileiro, o compromisso de comutá-la em pena não superior à duração máxima admitida na lei penal do Brasil (CP, art. 75), eis que os pedidos extradicionais - considerado o que dispõe o art. 5º, XLVII, "b" da Constituição da República, que veda as sanções penais de caráter perpétuo — estão necessariamente sujeitos à autoridade hierárquico-normativa da Lei Fundamental brasileira. Doutrina. Novo entendimento derivado da revisão, pelo Supremo Tribunal Federal, de sua jurisprudência em tema de extradição passiva. A QUESTÃO DA IMEDIATA EFETIVAÇÃO DA ENTREGA EXTRADICIONAL — INTELIGÊNCIA DO ART. 89 DO ESTATUTO DO ESTRANGEIRO — PRERROGATIVA EXCLUSIVA DO PRESIDENTE DA REPÚBLICA, ENQUANTO CHEFE DE ESTADO. — A entrega do extraditando — que esteja sendo processado criminalmente no Brasil, ou que haja sofrido condenação penal imposta pela Justiça brasileira — depende, em princípio, da conclusão do processo penal brasileiro ou do cumprimento da pena privativa de liberdade decretada pelo Poder Judiciário do Brasil, exceto se o Presidente da República, com apoio em juízo discricionário, de caráter eminentemente político, fundado em razões de oportunidade, de conveniência e/ou de utilidade, exercer, na condição de Chefe de Estado, a prerrogativa excepcional que lhe permite determinar a imediata efetivação da ordem extradicional (Estatuto do Estrangeiro, art. 89, "caput", "in fine"). Doutrina. Precedentes[11].

---

[11] Disponível em: https://jurisprudencia.stf.jus.br/pages/search?classeNumeroIncidente=%22Ext%20855%22&base=acordaos&sinonimo= true&plural=

8.2 Racismo

O racismo, por sua vez, refere-se a uma prática registrando preconceito e discriminação com base em aspectos sociais e de diferenças biológicas entre as pessoas.

Podemos identificar pelo menos oito formas diferentes de racismo, como passamos a demonstrar a seguir.

O mais conhecido é o chamado (1) racismo aberto ou tradicional, que consiste na manifestação de ódio e desprezo aberto e explícito contra grupos raciais ou étnicos geralmente minoritários. No entanto, encontramos o (2) racismo aversivo, um tipo implícito, que ocorre quando determinado grupo menor é afastado de interação com outros grupos com base em avaliações negativas de ordem racial ou étnica.

Existe o (3) racismo cultural, com base no qual se admitem estereótipos atribuídos a determinado grupo étnico ou racial, e o (4) racismo histórico, social e econômico, que se revela por discriminação que vem de longa data e se impõe às novas gerações, por vezes gerada com base na educação deficiente e em atitudes inconscientes de parte da população.

Encontramos também o (5) racismo institucional, que é a discriminação por parte de governos, instituições educacionais e religiosas, empresas de quaisquer níveis, incluindo grandes conglomerados empresariais. É gravíssimo porque, ao cabo, é promovido pelo próprio Estado, embora não seja identificado como tal, mas pode ser percebido por certas atitudes discriminatórias. Esse tipo de racismo também é chamado de estatal, estrutural ou sistêmico.

Ainda está presente o (6) racismo científico ou acadêmico, quando a ciência é utilizada, como se deu no início do século XVIII com reflexos no século XIX, para promover discriminação em razão racial ou étnica. Note-

---

true&page=1&pageSize=10&sort=_score&sortBy=desc&isAdvanced=true. Acesso em: 25 set. 2020. Trata-se da Extradição no 855, j. 26/08/2004. Rel.: Ministro Celso de Mello.

se que essa prática ocorreu no século XX, nas condenáveis manifestações nazistas e fascistas no decorrer da Segunda Guerra Mundial.

Hodiernamente, fala-se em um (7) racismo moderno, em que não se age preconceituosamente, mas praticam-se ações que identificam estereótipos raciais mediante a avaliação do comportamento das pessoas, de modo a discriminá-las.

No Direito Internacional, sobressai a Convenção Internacional sobre a Eliminação de Todas as Formas de Discriminação Racial, de Nova York, de 7 de março de 1966, ratificada pelo Brasil[12], cujo artigo 1º considera

> a expressão "discriminação racial" significa qualquer distinção, exclusão, restrição ou preferência fundada na raça, cor, ascendência na origem nacional ou étnica que tenha como objetivo ou como efeito destruir ou comprometer o reconhecimento, o gozo ou o exercício, em condições de igualdade, dos direitos do homem e das liberdades fundamentais nos domínios político, econômico, social e cultural ou em qualquer outro domínio da vida pública.

Nosso país combate a prática do racismo desde longa data. Em 1888, com a Lei nº 8.383[13], foi abolida a escravatura. Em 1951, o racismo foi considerado contravenção penal pela Lei nº 1.390 daquele ano, a Lei Afonso Arinos. Por fim, atualmente, a Constituição de 1988 proíbe essa prática odiosa, sujeitando o infrator à pena de reclusão por prática de crime inafiançável e imprescritível (artigo 5º, XLII).

---

[12] Promulgada pelo Decreto nº 65.810, de 8 de dezembro de 1969.

[13] Acerca da evolução histórica da legislação de combate à escravidão no Brasil, v. nosso *As leis sobre abolição dos escravos no Brasil*. São Paulo: LTr, 2019. p. 705-708. v. 103. Suplemento Trabalhista.

COOPERAÇÃO ENTRE OS POVOS

No âmbito da cooperação entre os povos para o progresso da humanidade, o Brasil conta com a Agência Brasileira de Cooperação (ABC), que integra a estrutura do Ministério das Relações Exteriores e tem como atribuição negociar, coordenar, implementar e acompanhar os programas e projetos brasileiros de cooperação técnicas, executados com base nos acordos firmados pelo Brasil com outros países e organismos internacionais.

Criada em setembro de 1987, realizou mais de sete mil projetos de cooperação técnica em mais de uma centena de países de todos os continentes, com a participação de inúmeras instituições brasileiras. Tem, igualmente, se destacado em dois aspectos principais — o primeiro por meio da cooperação multilateral, a fim de permitir controle, por países em desenvolvimento, de programas de cooperação técnica de organismos internacionais e o segundo por meio da ampliação da cooperação Sul-Sul, atuando em todos os continentes através de programas e projetos bilaterais ou trilaterais com governos estrangeiros e organismos internacionais.

Os projetos de cooperação desenvolvidos pelo Brasil dão-se especialmente nas áreas de administração pública, agricultura familiar, temas urbanos, ciência e tecnologia, cultura, defesa, desenvolvimento social, educação e alimentação escolar, indústria e comércio, justiça, meio ambiente, energia, pecuária, pesca, planejamento, saúde, segurança pública, trabalho e emprego.

Esse objetivo brasileiro demonstra o alto grau de sensibilidade do país com a necessidade de aproximação com a comunidade internacional.

ASILO POLÍTICO

O direito de asilo origina-se no antigo asilo religioso, consagrado no Direito Canônico e tão bem retratado no romance *O Corcunda de Notre-Dame*, de Victor Hugo. Na Idade Média, os templos religiosos eram locais de refúgio às pessoas perseguidas, que, naqueles locais, buscavam acolhimento e segurança.

Existem atualmente dois tipos de asilo político, que se encontram regulados pelas Convenções de Caracas de 1954, sobre asilo territorial (promulgada no Brasil pelo Decreto nº 55.929/65) e asilo diplomático (promulgada entre nós pelo Decreto nº 42.628/57). O primeiro concede-se no território de algum Estado que não aquele onde a pessoa é perseguida. O segundo pode ser concedido em sede da Missão Diplomática, em navios de guerra, aeronaves militares e acampamentos militares (artigo I da Convenção sobre Asilo Diplomático). São normas do Direito Internacional americano. No Direito Internacional em geral, o direito de asilo está previsto na Declaração Universal dos Direito do Homem (1948) e, por extensão, admite-se nos locais da Missão Diplomática, por conta da inviolabilidade desse imóvel, nos termos da Convenção de Viena sobre Relações Diplomáticas, de 1961, promulgada no Brasil pelo Decreto nº 56.436, de 8 de junho de 1985, cujo artigo 22, 1, garante esse direito.

Vale destacar que somente por motivos políticos pode ser concedido o asilo, e o ato praticado, ensejador da possível perseguição, deve ser identificado e classificado pelo Estado asilante. Essa regra permanece em qualquer circunstância.

É interessante observar que a matéria de asilo pode ter muita proximidade com temas relativos à extradição. A seguir, um aresto do Excelso Pretório aponta decisão acerca do não atendimento do pedido extradicional, porque o extraditando estava em gozo de asilo político no Brasil.

> Extradição: Colômbia: crimes relacionados à participação do extraditando — então sacerdote da Igreja Católica — em ação militar das Forças Armadas Revolucionárias da Colômbia (FARC). Questão de ordem. Reconhecimento do status de refugiado do extraditando, por decisão do comitê nacional para refugiados — CONARE: pertinência temática entre a motivação do deferimento do refúgio e o objeto do pedido de extradição: aplicação da Lei 9.474/97, art. 33 (Estatuto do Refugiado), cuja constitucionalidade é reconhecida: ausência de violação do princípio constitucional da separação dos poderes. 1. De acordo com o art. 33 da L. 9474/97, o reconhecimento administrativo da condição de refugiado, enquanto dure, é elisiva, por definição, da extradição que tenha implicações com os motivos do seu deferimento. 2. É válida a lei que reserva ao Poder Executivo — a quem incumbe,

por atribuição constitucional, a competência para tomar decisões que tenham reflexos no plano das relações internacionais do Estado — o poder privativo de conceder asilo ou refúgio. 3. A circunstância de o prejuízo do processo advir de ato de um outro Poder — desde que compreendido na esfera de sua competência — não significa invasão da área do Poder Judiciário. 4. Pedido de extradição não conhecido, extinto o processo, sem julgamento do mérito e determinada a soltura do extraditando. 5. Caso em que de qualquer sorte, incidiria a proibição constitucional da extradição por crime político, na qual se compreende a prática de eventuais crimes contra a pessoa ou contra o patrimônio no contexto de um fato de rebelião de motivação política (Ext. 493)[14].

[14] Disponível em: https://jurisprudencia.stf.jus.br/pages/search?classeNumeroIncidente=%22Ext%201008%22&base=acordaos&sinonimo= true&plural=true&page=1&pageSize=10&sort=_score&sortBy=desc&isAdvanced=true. Acesso em: 24 set. 2020. Trata-se da Extradição n. 1008, j. 21/03/2007. Red. p/ Acórdão: Ministro Sepúlveda Pertence.

INTEGRAÇÃO NA AMÉRICA LATINA

O parágrafo único do artigo 4º da Constituição brasileira consagra a integração da América Latina como o caminho ideal para a formação de uma comunidade latino-americana de nações, *verbis*:

> Parágrafo único. A República Federativa do Brasil buscará a integração econômica, política, social e cultural dos povos da América Latina, visando à formação de uma comunidade latino-americana de nações.

O processo de integração é lento e gradual, buscando-se associar Estados e adotar estratégias comuns para melhorar as condições e o *status* de determinado grupo regional de países. Esse frutuoso mecanismo costuma se apresentar em cinco fases, como a seguir se demonstra.

A primeira delas é a criação de uma zona de livre comércio, na qual os participantes eliminam barreiras tarifárias e não tarifárias entre si, de modo a facilitar a circulação de bens e produtos em seus territórios, conservando, no entanto, as tarifas para importação de terceiros.

A segunda etapa é chamada de união aduaneira, quando os Estados participantes passam a adotar a tarifa externa comum (TEC).

A terceira fase denomina-se mercado comum, que estabelece livre circulação dos fatores de produção, bens, serviços, pessoas, capitais e trabalho.

Na sequência, temos a comunidade ou união econômica, quando se verifica uma harmonização legislativa, fiscal e monetária, e finalmente chegamos à última e mais exitosa fase, a da integração política econômica e social, com a implantação e o funcionamento de órgãos comuns para solução de conflitos entre os integrantes do grupo e seus nacionais. É a supranacionalização tão almejada por todos os que formam grupos regionais.

O fenômeno da integração regional possui três grupos de princípios basilares. O primeiro é dos princípios institucionais pelo qual, sendo inafastável a igualdade dos Estados, é reconhecida a superioridade das instituições comunitárias e do próprio Direito Comunitário, admitida a supranacionalização, sendo as instituições do grupo independentes dos governos dos Estados membros.

Pelos princípios políticos, temos o reconhecimento do Estado de direito, com o princípio da legalidade, a prática da democracia política e o respeito absoluto aos direitos humanos.

O terceiro grupo de princípios é o dos princípios sociais, que se desdobram em quatro aspectos: solidariedade, quando se busca melhorar o nível de vida de toda a população do grupo, independentemente de seu Estado nacional; cooperação, visando proporcionar o desenvolvimento homogêneo de todos os integrantes; honestidade, mediante a prática do respeito e da confiança recíprocos; e a subordinação dos princípios econômicos em geral ao princípio social de garantia de sempre melhores condições de dignidade para a pessoa humana.

Encontramos, no continente europeu, o melhor e mais expressivo exemplo de integração regional com a União Europeia, que, depois da saída do Reino Unido, em 31 de janeiro de 2020, reúne atualmente 27 Estados europeus. Suas raízes estão na Comunidade Europeia do Carvão e do Aço, criada em 1951; em 1957, uniu-se à Comunidade Econômica Europeia e à Comunidade Europeia de Energia Atônica (EURATOM), pelo Tratado de Roma, e, em 1992, surge a Comunidade Europeia, pelo Tratado de Maastricht, transformada em União Europeia, pelo Tratado de Lisboa, de 2007.

Não há outro exemplo melhor no mundo atual de integração tão exitosa quanto a União Europeia, com seus sucessivos alargamentos e o funcionamento regular de seus órgãos supranacionais: Conselhos, Comissão, Parlamento e Tribunal de Justiça, entro outros.

Esse modelo bem-sucedido serviu para o Mercosul (Mercado Comum do Sul), criado pelo Tratado de Assunção, assinado em 26 de março de 1991. O Mercosul reuniu, originariamente, Argentina, Brasil, Paraguai e Uruguai, e passa por algumas tentativas de alargamento, além de possuir um elenco bastante expressivo de tratados, regulando diversos temas, especialmente na área do comércio multilateral, merecendo destaque o Protocolo de Las Leñas, que cuida de mecanismos avançados de cooperação jurídica, conforme veremos adiante.

No campo da integração regional, é importante recordar que o STF tem entendido que o parágrafo único do artigo 4º constitucional possui significado programático, de forma que os tratados de integração necessitam sempre passar pelos trâmites regulares de incorporação no Direito interno brasileiro. Veja-se o exemplo no julgado a seguir.

> MERCOSUL — CARTA ROGATÓRIA PASSIVA — DENEGAÇÃO DE EXEQUATUR — PROTOCOLO DE MEDIDAS CAUTELARES (OURO PRETO/MG) — INAPLICABILIDADE, POR RAZÕES DE ORDEM CIRCUNSTANCIAL — ATO INTERNACIONAL CUJO CICLO DE INCORPORAÇÃO, AO DIREITO INTERNO DO BRASIL, AINDA NÃO SE ACHAVA CONCLUÍDO À DATA DA DECISÃO DENEGATÓRIA DO EXEQUATUR, PROFERIDA PELO PRESIDENTE DO SUPREMO TRIBUNAL FEDERAL — RELAÇÕES ENTRE O DIREITO INTERNACIONAL, O DIREITO COMUNITÁRIO E O DIREITO NACIONAL DO BRASIL — PRINCÍPIOS DO EFEITO DIRETO E DA APLICABILIDADE IMEDIATA — AUSÊNCIA DE SUA PREVISÃO NO SISTEMA CONSTITUCIONAL BRASILEIRO — INEXISTÊNCIA DE CLÁUSULA GERAL DE RECEPÇÃO PLENA E AUTOMÁTICA DE ATOS INTERNACIONAIS, MESMO DAQUELES FUNDADOS EM TRATADOS DE INTEGRAÇÃO — RECURSO DE AGRAVO IMPROVIDO. A RECEPÇÃO DOS TRATADOS OU CONVENÇÕES INTERNACIONAIS EM GERAL E DOS ACORDOS CELEBRADOS NO ÂMBITO DO MERCOSUL ESTÁ SUJEITA À DISCIPLINA FIXADA NA CONSTITUIÇÃO DA REPÚBLICA. — A recepção de acordos celebrados pelo Brasil no âmbito do MERCOSUL está sujeita à mesma disciplina constitucional que rege o processo de incorporação, à ordem positiva interna brasileira, dos tratados ou convenções internacionais em geral. É, pois, na Constituição da República, e não em instrumentos normativos de caráter internacional,

que reside a definição do iter procedimental pertinente à transposição, para o plano do direito positivo interno do Brasil, dos tratados, convenções ou acordos - inclusive daqueles celebrados no contexto regional do MERCOSUL - concluídos pelo Estado brasileiro. Precedente: ADI 1.480-DF, Rel. Min. CELSO DE MELLO. — Embora desejável a adoção de mecanismos constitucionais diferenciados, cuja instituição privilegie o processo de recepção dos atos, acordos, protocolos ou tratados celebrados pelo Brasil no âmbito do MERCOSUL, esse é um tema que depende, essencialmente, quanto à sua solução, de reforma do texto da Constituição brasileira, reclamando, em consequência, modificações de jure constituendo. Enquanto não sobrevier essa necessária reforma constitucional, a questão da vigência doméstica dos acordos celebrados sob a égide do MERCOSUL continuará sujeita ao mesmo tratamento normativo que a Constituição brasileira dispensa aos tratados internacionais em geral. PROCEDIMENTO CONSTITUCIONAL DE INCORPORAÇÃO DE CONVENÇÕES INTERNACIONAIS EM GERAL E DE TRATADOS DE INTEGRAÇÃO (MERCOSUL). — A recepção dos tratados internacionais em geral e dos acordos celebrados pelo Brasil no âmbito do MERCOSUL depende, para efeito de sua ulterior execução no plano interno, de uma sucessão causal e ordenada de atos revestidos de caráter político-jurídico, assim definidos: (a) aprovação, pelo Congresso Nacional, mediante decreto legislativo, de tais convenções; (b) ratificação desses atos internacionais, pelo Chefe de Estado, mediante depósito do respectivo instrumento; (c) promulgação de tais acordos ou tratados, pelo Presidente da República, mediante decreto, em ordem a viabilizar a produção dos seguintes efeitos básicos, essenciais à sua vigência doméstica: (1) publicação oficial do texto do tratado e (2) executoriedade do ato de direito internacional público, que passa, então

— e somente então — a vincular e a obrigar no plano do direito positivo interno. Precedentes. O SISTEMA CONSTITUCIONAL BRASILEIRO NÃO CONSAGRA O PRINCÍPIO DO EFEITO DIRETO E NEM O POSTULADO DA APLICABILIDADE IMEDIATA DOS TRATADOS OU CONVENÇÕES INTERNACIONAIS. — A Constituição brasileira não consagrou, em tema de convenções internacionais ou de tratados de integração, nem o princípio do efeito direto, nem o postulado da aplicabilidade imediata. Isso significa, de jure constituto, que, enquanto não se concluir o ciclo de sua transposição, para o direito interno, os tratados internacionais e os acordos de integração, além de não poderem ser invocados, desde logo, pelos particulares, no que se refere aos direitos e obrigações neles fundados (princípio do efeito direto), também não poderão ser aplicados, imediatamente, no âmbito doméstico do Estado brasileiro (postulado da aplicabilidade imediata). — O princípio do efeito direto (aptidão de a norma internacional repercutir, desde logo, em matéria de direitos e obrigações, na esfera jurídica dos particulares) e o postulado da aplicabilidade imediata (que diz respeito à vigência automática da norma internacional na ordem jurídica interna) traduzem diretrizes que não se acham consagradas e nem positivadas no texto da Constituição da República, motivo pelo qual tais princípios não podem ser invocados para legitimar a incidência, no plano do ordenamento doméstico brasileiro, de qualquer convenção internacional, ainda que se cuide de tratado de integração, enquanto não se concluírem os diversos ciclos que compõem o seu processo de incorporação ao sistema de direito interno do Brasil. Magistério da doutrina. — Sob a égide do modelo constitucional brasileiro, mesmo cuidando-se de tratados de integração, ainda subsistem os clássicos mecanismos institucionais de recepção das convenções internacionais em geral, não bastando, para afastá-los, a existência da norma inscrita no art. 4º, parágrafo único, da Constituição da República, que possui conteúdo meramente programático e cujo sentido não torna dispensável a atuação dos instrumentos constitucionais de transposição, para a ordem jurídica doméstica, dos acordos, protocolos e convenções celebrados pelo Brasil no âmbito do MERCOSUL[15].

[15] Disponível em: https://jurisprudencia.stf.jus.br/pages/search?classeNumeroIncidente=%22CR%208279%22&base=acordaos&sinonimo= true&plural=true&page=1&pageSize=10&sort=_score&sortBy=desc&isAdvanced=true. Acesso em: 25 set. 2020. Trata-se da Carta Rogatória no 8279, j. 17/06/1998. Rel.: Ministro Celso de Mello.

CAPÍTULO II

NOÇÕES GERAIS SOBRE COOPERAÇÃO

PROLEGÔMENOS

O termo *cooperação* é um substantivo que se origina, etimologicamente, do latim *cooperatio*, significando a ação de cooperar, auxiliar, colaborar, prestar ajuda ou auxílio a outrem.

A cooperação jurídica possui um significado especial para o bom e adequado relacionamento na sociedade. Por meio de seus mecanismos, podemos obter a solução mais célere de conflitos e divergências, apresentando-se em dois níveis de atuação: internacional e nacional. Trata-se, como lembra o advogado e professor Manoel Antônio Teixeira Filho, de cooperação jurídica, e não cooperação processual, que tem amplitude menor que aquela[16].

Leciona Bezerra Leite que a importância do princípio da cooperação sobressai na promoção da defesa dos direitos fundamentais

[16] TEIXEIRA FILHO, Manoel Antônio. *Comentários ao novo Código de Processo Civil sob a perspectiva do processo do trabalho*. 2. ed. São Paulo: LTr, 2015. p. 63.

porque, por meio dele, o Poder Judiciário pode alcançar "*o principal objetivo do Estado Democrático de Direito que não é somente positivar os direitos fundamentais, especialmente os sociais, como também, e principalmente, garanti-los*"[17].

A cooperação jurídica internacional surge como um instrumento importante e fundamental nas relações internacionais do mundo globalizado em que vivemos. Deve ser compreendida como um mecanismo formal de solicitar alguma medida judicial, administrativa ou investigativa a outro país e que seja indispensável para um caso concreto que tramite no território de origem.

É inegável que as relações internacionais estão cada vez mais intensas, seja pelas negociações comerciais, inclusive pelo *e-commerce*, seja pela troca de informações, sobretudo pela rede mundial de computadores, seja, ainda, pelo inegável aumento da mobilidade humana, fazendo crescer grandemente os fluxos migratórios.

Com efeito, as relações interpessoais ganharam novos contornos. Não se trata mais de percorrer um mesmo Estado, mas uma multiplicidade de países, com normas e regramentos distintos, e neles, invariavelmente, todos buscam a proteção da Justiça.

Deve ser dada especial ênfase à cooperação internacional, sendo pertinente recordar a lição de Hildebrando Accioly, um dos mais respeitados internacionalistas brasileiros que, na primeira metade do século XX, escreveu acerca dos deveres morais dos Estados, ressaltando o seguinte:

---

[17] BEZERRA LEITE, Carlos Henrique. *Curso de direito processual do trabalho*. 16. ed. São Paulo: Saraiva, 2018. p. 106.

> O principal, dentre os deveres moraes dos Estados, é a assistência mútua, a qual se manifesta sob várias formas.
>
> Entre estas, podem citar-se as seguintes:
>
> a) O abrigo concedido por um Estado, em seus portos, a navios estrangeiros que, acossados pelo mau tempo ou avariados, procuram refúgio;
>
> b) Os socorros marítimos em caso de naufrágio, incêndio a bordo ou qualquer outro sinistro;
>
> c) A adopção de certas medidas sanitárias, que impeçam a propagação de moléstias;
>
> d) A assistência e cooperação para a administração da justiça, tanto em matéria civil, quanto em matéria penal, compreendidos nesta ultima a adopção de medidas próprias para favorecer a acção social contra o crime[18].

Acerca desse último aspecto, corrobora o saudoso jurista Clóvis Beviláqua:

> A assistência destinada a facilitar a administração da justiça, em matéria civil e penal, abrange, além da execução de rogatórias, todas as providências adequadas a favorecer a acção social contra o crime e a perversão moral[19].

No âmbito interno, a cooperação judiciária nacional foi inovada com os instrumentos trazidos pelos artigos 67 a 69 do Código de

---

18 ACCIOLY, Hildebrando. *Tratado de direito internacional público*. Rio de Janeiro: Imprensa Nacional, 1933. p. 250. Tomo I. (Preservamos a grafia do original.)

19 BEVILÁQUA, Clóvis. *Direito público internacional*. 2. ed. Rio de Janeiro: Freitas Bastos, 1939. p. 98. (Preservamos a grafia do original.)

Processo Civil (Lei nº 13.105, de 16 de março de 2015), e o instituto visa proporcionar ao Estado meios mais eficientes de desenvolver a atividade jurisdicional; entre esses meios, o auxílio direto ganha especial destaque.

O objetivo maior da cooperação jurídica é, certamente, implementar concretamente a previsão constitucional do artigo 5º, LXXVIII, quando preconiza a razoável duração do processo e os meios que garantam a celeridade de sua tramitação. Para cumprir esse desiderato, a cooperação jurídica ganha especial destaque e merece ter um tratamento diferenciado na lida com as questões do Poder Judiciário, e, no que couber, a participação efetiva e colaborativa do Poder Executivo, através do Ministério da Justiça e Segurança Pública, e, quando for o caso, ao Ministério das Relações Exteriores.

Observemos, com atenção, a regra contida no artigo 6º do CPC: "*Todos os sujeitos do processo devem cooperar entre si para que se obtenha, em tempo razoável, decisão de mérito justa e efetiva*".

A respeito desse dispositivo, o advogado Humberto Theodoro Júnior assinala:

> Trata-se de um desdobramento do princípio moderno do contraditório assegurado constitucionalmente, que não mais pode ser visto apenas como garantia de audiência bilateral das partes, mas que tem a função democrática de permitir a todos os sujeitos da relação processual a possibilidade de influir, realmente, sobre a formação do provimento jurisdicional[20].

---

[20] THEODORO JÚNIOR, Humberto. *Curso de Direito processual civil (I)*. 61. ed. Rio de Janeiro: Forense, 2020. p. 81.

Esse sentido de cooperação, inicialmente incentivado às ações exclusivamente brasileiras, isto é, em território nacional, ganham maior destaque quando passamos a constatar sua necessidade também internacionalmente, fruto, como é inegável reconhecer, da atual globalização.

Veremos adiante todo o instrumental disponibilizado para o jurisdicionado, no Brasil, a fim de obter maior presteza e agilidade no cumprimento de medidas necessárias a determinados procedimentos judiciais ou administrativos.

12.1 Distinções

Importante instituto para a concretização de um direito é a cooperação jurídica. Existem duas espécies principais, as quais serão trabalhadas neste livro: a cooperação jurídica nacional e a cooperação jurídica internacional.

A cooperação nacional ocorre apenas entre sujeitos submetidos a uma mesma ordem jurídica, entes nacionais, pessoas jurídicas de direito público ou privado interno, pessoas físicas ou naturais, grupos e sociedades empresariais ou outros entes despersonalizados submetidos ao ordenamento legal do país onde possuem sede.

Ocorre a cooperação internacional quando existem pessoas sujeitas a ordenamentos jurídicos de diversos países, inclusive no âmbito de pessoas jurídicas de direito internacional, e esta vem ganhando importância sobretudo a partir do crescimento dos processos de globalização da economia. Essa cooperação pode ter por objeto um bem jurídico ou uma atividade relacionada aos diversos ramos do Direito. Observe-se, inclusive, que a cooperação internacional igualmente envolve questões trabalhistas, quando podemos nos defrontar com temas abrangendo ordens jurídicas diferentes e a aplicação de tratados internacionais ou o cumprimento de decisões judiciais estrangeiras.

Tanto em um como em outro caso, devemos considerar a indispensável necessidade de existir cooperação bilateral, representada pela participação de duas ou mais pessoas ou instituições animadas com espírito colaborativo.

12.2 Origens

O CPC de 1973 (Código Buzaid) contemplava a cooperação jurídica nacional sem maiores destaques, não dedicando, como o atual CPC, um capítulo ao tema.

Tratava apenas de disciplinar o cumprimento de três cartas: a carta de ordem, a carta precatória e a carta rogatória (artigo 202), dispondo sobre seus requisitos essenciais e as providenciais que o juiz deveria mandar providenciar. Tais cartas tiveram o procedimento de sua expedição atualizado em 2006, com a Lei nº 11.419, possibilitando-o por meio eletrônico, com assinatura digitalizada do magistrado (§ 3º do artigo 202).

O antigo CPC continha as diversas regras a serem obedecidas pelo juiz nacional seja no cumprimento da carta rogatória, seja para o trâmite da carta de ordem e da carta precatória, inclusive imprimindo-lhe a devida itinerância para seu mais eficaz cumprimento (artigo 204)

Especificamente quando às cartas rogatórias, é interessante perceber que a remessa à autoridade judiciária estrangeira, salvo disposto em convenção internacional, dar-se-ia por via diplomática, devidamente traduzida para a língua do país de destino (artigo 210). Em contrapartida, as cartas rogatórias das justiças estrangeiras deveriam observar o disposto no regimento interno do STF (artigo 211), providência que, pelo CPC atual, é do STJ (artigo 36 do vigente CPC).

Hodiernamente, modernizou-se o Judiciário e a cooperação jurídica foi grandemente facilitada pela adoção de instrumentos eletrônicos que proporcionaram a agilização dos serviços, não só o uso de aplicativos de mensagens instantâneas para a solicitação de providências urgentes como de outros dispositivos oriundos da tecnologia da informação fazem com que o andamento dos processos, quando é necessária a cooperação nacional ou internacional, possa ocorrer mais rapidamente.

O CPC E A COOPERAÇÃO INTERNACIONAL

O Capítulo II do Título II do CPC de 2015, denominado *Da Cooperação Internacional*, contém as regras básicas desse instrumento importantíssimo para a convivência harmônica das nações.

Para que a cooperação jurídica internacional se processe, é indispensável a existência de um tratado internacional do qual o Brasil seja parte. Ser parte não significa ser signatário desse tratado. O significado de ser parte vai mais além. É o Estado que ratificou e incorporou ao seu ordenamento jurídico interno as regras do tratado internacional. Assim, somente os tratados regulamente ratificados pelo Brasil e em vigor para nós são os referidos no *caput* do artigo 26 do CPC, dispositivo que acrescenta mais cinco requisitos igualmente indispensáveis. Consigna o artigo 26:

Art. 26 A cooperação jurídica internacional será regida por tratado de que o Brasil faz parte e observará:

I — o respeito às garantias do devido processo legal no Estado requerente;

II — a igualdade de tratamento entre nacionais e estrangeiros, residentes ou não no Brasil, em relação ao acesso à justiça e à tramitação dos processos, assegurando-se assistência judiciária aos necessitados;

III — a publicidade processual, exceto nas hipóteses de sigilo previstas na legislação brasileira ou na do Estado requerente;

IV — a existência de autoridade central para recepção e transmissão dos pedidos de cooperação;

V — a espontaneidade na transmissão de informações a autoridades estrangeiras.

Observemos, de início, ser indispensável para o êxito da cooperação jurídica internacional o comando do inciso I transcrito anteriormente: *o respeito às garantias do devido processo legal no Estado requerente*. O *due process of law*, oriundo do direito anglo-saxão, está expresso nos incisos LIV e LV do artigo 5º da Constituição de 1988, significando a garantia de todas as pessoas a um processo com todas as etapas previstas em lei e todas as garantias constitucionais, inclusive contraditório e ampla defesa.

No que se refere à igualdade entre nacionais e estrangeiros, essa regra está contemplada no *caput* do artigo 5ºº constitucional, relativamente aos brasileiros e aos estrangeiros residentes no país.

Quanto à publicidade dos atos processuais, a única ressalva admitida é para os processos que, por determinação judicial, tramitam em segredo de justiça.

De acordo com o CPC, inexistindo tratado internacional acerca de cooperação jurídica, esta poderá ser realizada com base na reciprocidade, manifestada via diplomática (§ 1º), observando que essa reciprocidade não é exigida para homologação de sentença estrangeira (§ 2º).

Vale lembrar que atos que contrariem ou produzam resultados incompatíveis com as normas fundamentais do Estado não são admitidos nesse mecanismo (§ 3º). Essas normas fundamentais estão inseridas no corpo da Constituição de 1988, destacadamente nos incisos do artigo 1º: a soberania, a cidadania, a dignidade da pessoa humana, os valores sociais do trabalho e da livre-iniciativa e o pluralismo político.

Cabe ao Ministério da Justiça o desempenho da função de autoridade central, conforme preconiza o § 4º, ante a ausência de designação específica. Retornaremos a seu papel adiante.

Consoante o Código Adjetivo em vigor, são seis os objetos principais da cooperação jurídica internacional, conforme o artigo 27 do CPC, a saber:

> I — citação, intimação e notificação judicial e extrajudicial;
>
> II — coleta de provas e obtenção de informações;
>
> III — homologação e cumprimento de decisão;
>
> IV — concessão de medida judicial de urgência;
>
> V — assistência jurídica internacional; e
>
> VI — qualquer outra medida judicial ou extrajudicial não proibida pela lei brasileira.

Trata-se de atos processuais, salvo os praticados por organismos extrajudiciais, como os juízos arbitrais.

Outra distinção que deve ser feita refere-se às modalidades de cooperação, que podem ser de duas espécies: ativa ou passiva. Elucida Humberto Theodoro Júnior que:

Se o Brasil requerer a prática de determinado ato a algum Estado estrangeiro, a colaboração é denominada ativa, sendo passiva quando é a autoridade estrangeira quem solicita a realização de ato em território nacional[21].

---

[21] THEODORO JÚNIOR, Humberto, *op. cit.*, p. 204.

COOPERAÇÃO JURÍDICA NACIONAL

As regras da cooperação jurídica nacional estão insertas no CPC de 2015, nomeadamente nos artigos 67 a 69.

No âmbito do Conselho Nacional de Justiça (CNJ), a Resolução nº 38, de 3 de novembro de 2011, recomendou aos tribunais brasileiros a instituição de mecanismos de cooperação judiciária entre os órgãos do Poder Judiciário. Com esse fim, foi instituída a Rede Nacional de Cooperação Judiciária, visando imprimir maior fluidez, agilidade e eficácia ao intercâmbio de atos judiciais e favorecer o exercício de uma jurisdição mais harmônica e colaborativa. Essa resolução, no entanto, foi revogada pela Resolução nº 350, de 27 de outubro de 2020.

Conforme se infere dessa norma, a cooperação judiciária nacional está assentada em duas grandes dimensões, como contém o seu artigo 1º: primeiro, a cooperação ativa, passiva e simultânea entre os órgãos do Poder Judiciário, no âmbito das respectivas competências, observados o princípio do juiz natural e as atribuições administrativas, nos termos dos artigos 67 a 69, do CPC, referidos acima; segundo, a cooperação interinstitucional entre os órgãos do Poder Judiciário e outras instituições e entidades, integrantes ou não do sistema de justiça, que possam, direta ou indiretamente, contribuir para a administração da justiça.

Vem essa Resolução ressaltar a importância da cooperação entre os diversos órgãos do Poder Judiciário, em todos os seus níveis e especificidades, inclusive nos tribunais mais elevados, quando destaca o dever de recíproca cooperação, por meio de seus magistrados e servidores, a fim de incrementar mutuamente a eficiência de suas atividades (artigo 2º).

Para esse fim, os juízes têm a faculdade de formular entre si pedidos de cooperação para a prática de qualquer ato processual, intimando-se as partes do processo (artigo 3º).

Para implementar a cooperação, os magistrados devem realizar concertação entre si, vinculando apenas os órgãos judiciários que dela participam (artigo 4º, parágrafo único).

Essa cooperação consiste em procedimentos que podem ser assim elencados, nos termos do artigo 5º: I — a cooperação pode ser realizada entre órgãos jurisdicionais de diferentes ramos do Poder Judiciário; II — pode ser instrumentalizada por auxílio direto, atos concertados, atos conjuntos e outros instrumentos adequados; III — deve ser documentada nos autos, observadas as garantias fundamentais do processo; IV — deve ser realizada de forma fundamentada, objetiva e imparcial; e V — deve ser comunicada às partes do processo.

A Rede Nacional de Cooperação é coordenada pelo **Comitê Executivo Nacional**, em articulação com os **Comitês Executivos Estaduais**, sendo integrada pelos magistrados designados para atuar na condição de Juízes de Cooperação Judiciária e pelos Núcleos de Cooperação Judiciária de cada tribunal brasileiro com a função de facilitar a prática de atos de cooperação judiciária, facultada a adesão dos STF e dos Tribunais Superiores (artigo 7º e §§ da Resolução).

O Comitê Executivo Nacional está regulado pelo Capítulo VI da Resolução nº 350/2020. De acordo com a Portaria nº 158, de 22/10/2019, do Presidente do CNJ e do Supremo Tribunal Federal (STF), possui as seguintes funções:

> I — gerir a Rede Nacional de Cooperação Judiciária e manter atualizada a relação dos juízes de cooperação;
> II — coordenar a interação com os Comitês Nacional e Estadual de cooperação judiciária;
> III — elaborar estudos, apresentar propostas, acompanhar atividades, propor convênios e organizar reuniões e seminários relativos ao tema da cooperação judiciária; e
> IV — apresentar propostas de edição de atos normativos ao Plenário do Conselho Nacional de Justiça sobre cooperação judiciária nacional.

O Comitê Executivo Nacional é coordenado por um Conselheiro do CNJ (artigo 20, § 1º) e organizará as ações nacionais dos núcleos de cooperação judiciária, providenciando a realização de uma reunião, pelo menos uma vez por ano, mediante convocatória, dos núcleos e dos Juízes de Cooperação de todos os tribunais, com a finalidade de promover troca de experiências, melhora dos mecanismos de cooperação nacional pelo uso de processos e instrumentos de inovação e identificação das melhores práticas. Na mesma ocasião, pode ser realizado o Encontro Nacional de Juízes de Cooperação Judiciária, com o objetivo de difundir a cultura da cooperação, compartilhar e fomentar suas boas práticas, e discutir, conceber e formular proposições voltadas para a consolidação e o aperfeiçoamento da Rede Nacional de Cooperação Judiciária, como previsto no artigo 22, parágrafo único.

As deliberações da reunião do Comitê Nacional com os Núcleos e Juízes de Cooperação serão tomadas em sessão plenária, colhendo-se o voto de cada tribunal, que será representado por um único ponto de contato, que é um juiz de cooperação. Caberá ao CNJ, então, consolidar e divulgar na rede mundial de computadores as boas práticas de cooperação judiciária nacional. São as regras do artigo 20 da Resolução em comento.

Em seguida, independentemente da atuação das Corregedorias de Justiça e da Corregedoria Nacional de Justiça, para questões que envolvam apuração e aplicação de sanções pela prática, por magistrado, de infrações administrativas, e do Deparamento de Monitoramento e Fiscalização do Sistema Carcerário e Socioeducativo, que deve atuar em todas as questões pertinentes à execução penal e de medidas socioeducativas, o Comitê Executivo Nacional também possui competência para dirimir conflitos de natureza administrativa entre os Núcleos de Cooperação e sanar eventuais dúvidas pertinentes à cooperação judiciária (artigo 21).

14.1 Atos e pedidos de cooperação nacional

O artigo 6º da Resolução nº 350/2020 do CNJ traz, em pormenores, os atos de cooperação nacional que poderão ser praticados, e, ainda assim, a título exemplificativo, por que ressalva a possibilidade de outros definidos por consenso.

São 19 modalidades de cooperação no Poder Judiciário, conforme os incisos do aludido artigo.

I — Na prática de quaisquer atos de comunicação processual, podendo versar sobre a comunicação conjunta a pessoa cuja participação seja necessária em diversos processos;

II — Na prestação e na troca de informações relevantes para a solução dos processos;

III — Na redação de manuais de atuação, rotinas administrativas, diretrizes gerais para a conduta dos sujeitos do processo e dos servidores públicos responsáveis por atuar em mecanismos de gestão coordenada;

IV — Na reunião ou apensamento de processos, inclusive a reunião de execuções contra um mesmo devedor em um único juízo;

V — Na definição do juízo competente para a decisão sobre questão comum ou questões semelhantes ou de algum modo relacionadas, respeitadas as regras constantes nos artigos 62 e 63 do CPC;

VI — Na obtenção e na apresentação de provas, na coleta de depoimentos e meios para o compartilhamento de seu teor;

VII — Na produção de prova única relativa a fato comum;

VIII — Na efetivação de medidas e providências para recuperação e preservação de empresas;

IX — Na facilitação de habilitação de créditos na falência e na recuperação judicial;

X — Na disciplina da gestão dos processos repetitivos, inclusive da respectiva centralização (artigo 69, § 2º, VI, do CPC), e da realização de mutirões para sua adequada tramitação, prática que até mesmo o TST adotou na Justiça do Trabalho em Brasília, a partir de 1989, a fim de dar vazão à grande quantidade de processos a julgar;

XI — Na efetivação de tutela provisória ou na execução de decisão jurisdicional;

XII — Na investigação patrimonial, busca por bens e realização prática de penhora, arrecadação, indisponibilidade ou qualquer outro tipo de constrição judicial;

XIII — Na regulação de procedimento expropriatório de bem penhorado ou dado em garantia em diversos processos;

XIV — No traslado de pessoas;

XV — Na transferência de presos, a ser normatizado por ato do CNJ que será proposto com o apoio técnico do Departamento de Monitoramento e Fiscalização do Sistema Carcerário e Socioeducativo;

XVI — Na transferência de bens e de valores;

XVII — No acautelamento e na gestão de bens e valores apreendidos;

XVIII — No compartilhamento temporário de equipe de auxiliares da justiça, inclusive de servidores públicos; e

XIX — Na efetivação de medidas e providências referentes a práticas consensuais de resolução de conflitos.

Acerca dos pedidos de cooperação judiciária, a Resolução nº 350/2020 recomenda que devem ser prontamente atendidos, prescindindo de forma específica e podendo ser executado por auxílio direto, atos conjuntos ou atos concertados entre os juízes cooperantes (artigo 8º, *caput*), observando os princípios da celeridade, concisão, instrumentalidade das formas e unidade da jurisdição nacional, podendo ser utilizados prioritariamente meios eletrônicos (§ 1º).

Tanto os atos como os pedidos de cooperação judiciária devem ser praticados de forma fundamentada, objetiva e imparcial (§ 2º), e, na forma do prescrito no § 1º do artigo 357 do CPC[22], as partes podem

[22] Dispõe o § 1º do artigo 357 do CPC: Realizado o saneamento, as partes têm o direito de pedir esclarecimentos ou solicitar ajustes, no prazo comum de 5 (cinco) dias, findo o qual a decisão se torna estável.

requerer esclarecimentos e solicitar ajustes nos atos praticados (§ 3º), sendo deferida a elas e às pessoas naturais ou jurídicas, órgãos ou entidades especializadas, com representatividade adequada, a possibilidade de requerer ao juízo a realização de ato de cooperação para as hipóteses elencadas na Resolução nº 350/2020 (§ 4º).

14.2 Juízes e núcleos de cooperação judiciária

Temos que o sistema nos tribunais deve possuir dois instrumentos básicos fundamentais: o juiz de cooperação e o núcleo de cooperação judiciária.

A Resolução nº 350/2020 deu tratamento muito especial a ambos os instrumentos, alcançando todos os segmentos do Poder Judiciário: comum, trabalhista, eleitoral e militar estadual e federal.

14.2.1 Juízes de cooperação

No que se refere aos juízes de cooperação, também chamados de *ponto de contato*, estes poderão ser indicados entre juízes de primeiro grau, podendo ser um ou mais em cada tribunal, que disciplinará regras de escolha e prazo de exercício da função, devendo ser informado o Coordenador do Comitê Executivo Nacional, em dez dias, dos dados de identificação e localização do magistrado indicado. Da mesma forma, os tribunais poderão designar Desembargadores de cooperação, magistrados de segundo grau de jurisdição. São as regras do artigo 12 da multicitada Resolução nº 350/2020.

A tarefa desses juízes de conciliação, que integram a Rede Nacional de Cooperação Judiciarial, é altamente relevante, cabendo-lhe a função de facilitar a prática de atos de cooperação judiciária. É o comando do artigo 13 que prossegue aludindo sua atuação em seções, subseções, comarcas, foros, polos regionais ou unidades jurisdicionais especializadas, conforme cada tribunal dispuser, sendo designados para atuar exclusivamente como tal ou, consoante o volume do trabalho, acumulando sua função jurisdicional ordinária regular com a de intermediação da cooperação (§§ 1º e 2º).

O Juiz de Cooperação tem os seguintes deveres, conforme o artigo 14º da Resolução em comento:

> I — identificar soluções para os problemas que possam surgir no processamento de pedido de cooperação judiciária;
> II — facilitar a coordenação do tratamento dos pedidos de cooperação judiciária no âmbito do respectivo tribunal;
> III — fornecer todas as informações necessárias a permitir a elaboração eficaz de pedido de cooperação judiciária, bem como estabelecer contatos diretos entre os diversos órgãos e juízes;
> IV — intermediar o concerto de atos entre juízes cooperantes e ajudar na solução para problemas dele decorrentes;
> V — comunicar ao Núcleo de Cooperação Judiciária, de que trataremos adiante, a prática de atos de cooperação, quando os juízes cooperantes não o tiverem feito;
> VI — participar das comissões de planejamento estratégico dos tribunais;
> VII — participar das reuniões convocadas pela Corregedoria de Justiça, pelo Conselho Nacional de Justiça ou pelos juízes cooperantes; e
> VIII — promover a integração de outros sujeitos do processo à rede de cooperação.

É interessante observar que as atividades do Juiz de Cooperação adquiriram um significado muito importante desde a Resolução nº 350/2020, mais do que se verificava anteriormente. Releva observar o destaque dado ao sentido de cooperação. O § 1º do artigo 14, por exemplo, dispõe que, quando o Juiz de Cooperação receber pedido de informação de outro membro da rede e a ele não puder dar seguimento, deverá comunicar à autoridade competente ou ao membro da rede mais próximo para dar andamento, da mesma forma que deverá prestar toda a assistência a contatos ulteriores (§ 2º).

Todavia, para agilizar ainda mais sua tarefa, o Juiz de Cooperação deverá registrar em arquivo eletrônico próprio todos os atos que praticar no exercício dessa atividade. Esse arquivo será gerido pelo Núcleo de Cooperação Judiciária do tribunal a que o magistrado estiver vinculado (§ 3º).

14.2.2 Núcleos de cooperação judiciária

Todos os tribunais brasileiros devem possuir seus Núcleos de Cooperação Judiciária, que possuem três funções principais: 1) sugerir diretrizes gerais; 2) harmonizar rotinas e procedimentos de cooperação; e 3) consolidar os dados e as boas práticas junto ao respectivo tribunal (artigo 17).

Dessa forma, devem estar funcionando no Brasil núcleos em todos os Tribunais Regionais Federais, os Tribunais Regionais do Trabalho, os Tribunais Regionais Eleitorais, os órgãos da Justiça Militar da União, os Tribunais de Justiça e os Tribunais de Justiça Militar, compostos por um desembargador supervisor e um juiz coordenador, ambos dos quadros de juízes de cooperação, além de servidores do Poder Judiciário, que devem auxiliar nas tarefas administrativas dos respectivos núcleos (artigo 18).

O Núcleo de Cooperação Judiciária é responsável pela definição das funções dos Juízes de Cooperação, dividindo-as por comarcas, regiões, unidades de especialização ou unidades da Federação (artigo 19). Esse critério faz sentido, na medida em que nem todos os Estados brasileiros possuem tribunais regionais federais e do trabalho, cuja jurisdição abrange mais de uma unidade, como o caso da Justiça do Trabalho, que possui quatro Tribunais Regionais do Trabalho com jurisdição em duas unidades da Federação[23].

Os Núcleos devem informar ao Comitê Executivo da Rede Nacional de Cooperação Judiciária acerca da definição das funções de cada um de seus Juízes de Cooperação para que constem do cadastro nacional, além de reunir periodicamente os magistrados e incentivar a melhoria dos processos de cooperação judiciária entre os Núcleos, estabelecendo critérios e procedimentos para registro de dados relevantes e boas práticas de cooperação judiciária (§§ 1º a 3º).

Por fim, o CNJ manterá a relação de todos os Núcleos de Cooperação Judiciária atualizada em seu *website* para consulta dos interessados (artigo 23).

Os Núcleos de Cooperação Judiciária constam do *site* do CNJ e podem ser acessados pelo *link*: https://www.cnj.jus.br/programas-e-acoes/cooperacao-judiciaria/nucleos-de-cooperacao/.

14.3 Cooperação interinstitucional

Inovação digna de encômios é o regramento para a cooperação interinstitucional, que não era tratada na resolução anterior.

Destina-se essa cooperação a reunir diversos segmentos para melhor promover a distribuição da Justiça. Assim, devem cooperar quaisquer instituições, do sistema de justiça ou fora dela, que possam contribuir para a execução da estratégia nacional do Poder Judiciário, promover o aprimoramento da administração da justiça, a celeridade

[23] É o caso do TRT da 8ª Região, com sede em Belém e jurisdição nos estados do Pará e Amapá; do TRT da 10ª Região, sediado em Brasília, jurisdicionando o Distrito Federal e o estado do Tocantins; do TRT da 11ª Região, com sede em Manaus e jurisdição nos Estados do Amazonas e Roraima; e do TRT da 14ª Região, sediado em Porto Velho e jurisdicionando os estados de Rondônia e Acre.

e a efetividade da prestação jurisdicional. É o caso do Ministério Público, da Ordem dos Advogados do Brasil, da Defensoria Pública, das Procuradorias Públicas e da Administração Pública em geral. É o que objetiva o artigo 16 da Resolução nº 350/2020.

Essa contribuição participativa exitosa poderá abranger, segundo o artigo 15, diversas providências, inclusive, a título exemplificativo: (1) harmonização de procedimentos e rotinas administrativas; (2) gestão judiciária; (3) elaboração e adoção de estratégias para o tratamento adequado de processos coletivos e/ou repetitivos, inclusive para sua prevenção; e (4) mutirões para análise do enquadramento de processos ou recursos nas hipóteses em que há precedentes obrigatórios.

Outros aspectos relevantes da cooperação nacional serão tratados em capítulo específico deste livro, quando examinaremos os atos jurisdicionais que podem ser objeto desse instrumento.

AUTORIDADE CENTRAL

Quando se trata de cooperação jurídica internacional, sem dúvida ganha especial importância a chamada Autoridade Central, órgão responsável, dentro do Poder Executivo, pela condução desse relevante mecanismo, cuja função principal é imprimir celeridade e efetividade aos pedidos desse jaez.

No Brasil, esse mister é desempenhado pelo Departamento de Recuperação de Ativos e Cooperação Jurídica Internacional da Secretaria Nacional de Justiça (DRCI/Senajus), do Ministério da Justiça e Segurança Pública, criado em 2004, nos termos do artigo 14 do Anexo I do Decreto nº 9.662, de 01/01/2019.

O DRCI/Senajus, com efeito, é a Autoridade Central brasileira para fins de cooperação jurídica, sendo dividido em várias coordenações, para facilitar o andamento das matérias que lhe são afetas.

Possui a Autoridade Central, o DRCI/Senajus, as seguintes competências: articular, integrar e propor ações entre os Poderes Executivo e Judiciário e o Ministério Público no que respeita ao enfrentamento dos crimes de corrupção, lavagem de dinheiro (a autoridade central é a coordenadora da Rede Nacional de Laboratórios de Tecnologia contra Lavagem de Dinheiro, a Rede-Lab) e crime organizado transnacional; implementar mecanismos, juntamente com os Poderes Executivo e Judiciário e o Ministério Público, para cooperação jurídica em matéria civil e penal e também para recuperação de ativos; atuar como autoridade central federal em matéria de adoção internacional de crianças (Lei nº 8069, de 13 de julho de 1990); negociar tratados de cooperação jurídica internacional dentro de sua competência; além de atuar nos procedimentos sobre indisponibilidade de bens, direitos e valores decorrentes de resoluções do Conselho de Segurança das Nações Unidas (Lei nº 13.810, de 8 de março de 2019).

É de se observar que a Lei nº 13.810/19 cuida do cumprimento de sanções impostas pelo Conselho de Segurança da ONU, inclusive a indisponibilidade de ativos de pessoas naturais e jurídica e de entidades, e a designação nacional de pessoas investigadas ou acusadas de terrorismo, de seu financiamento ou de atos correlacionados.

O DRCI/Senajus, a fim de otimizar suas atividades no que respeita aos trabalhos de cooperação jurídica internacional, é dividido em diversos setores. Assim, temos: Coordenação-Geral de Cooperação Jurídica Internacional em Matéria Penal; Coordenação-Geral de Recuperação de Ativos; Coordenação de Extradição e de Transferência de Pessoas Condenadas; Coordenação-Geral de Cooperação Jurídica Internacional, que trata das matérias não criminais; e Coordenação-Geral de Adoção e Subtração Internacional de Crianças e Adolescentes.

CAPÍTULO III

COOPERAÇÃO INTERNACIONAL EM ESPÉCIE

ESPÉCIES DE COOPERAÇÃO

16.1 Cooperação em matéria penal

A cooperação penal internacional é importante para a vida atualmente. O jurista Celso de Albuquerque Mello afirma que o tema foi tratado por Bartolo, Grócio, Pufendorf e Wolff, ressaltando que "*a luta contra o crime somente será eficaz com a cooperação internacional*", exemplificando com diversas convenções europeias que demonstram essa preocupação[24].

Entre as formas de cooperação, encontra-se aquela em matéria penal, cujos pedidos preferencialmente envolvem Carta Rogatória e Auxílio Direto, recebidos de Juízes, membros dos Ministérios Públicos, Delegados de Polícia, Defensores Públicos, destinados ao cumprimento de medidas como citações, intimações e notificações, bem como atos

[24] ALBUQUERQUE MELLO, Celso Renato Duvivier de. *Curso de direito internacional público (II)*. 11. ed. Rio de Janeiro: Renovar, 1997. p. 852.

de investigação ou instrução, como oitivas de partes e/ou testemunhas, obtenção de documentos, quebra de sigilos bancário e telemático, além de bloqueio de bens e valores no exterior.

O trâmite das medidas de cooperação penal são da competência do DRCI, conforme Decreto nº 9.662, de 1º de janeiro de 2019, exceto com relação ao Canadá, por força do Acordo de Assistência Jurídica Mútua em Matéria Penal celebrado com esse país e promulgado pelo Decreto no 6.747, de 22 de janeiro de 2009.

16.1.1 Acordos multilaterais em matéria penal

Relacionamos a seguir os 14 acordos multilaterais acerca de cooperação jurídica em matéria penal, com os respectivos decretos de promulgação para vigência no território brasileiro[25].

- Convenção das Nações Unidas Contra o Crime Organizado Transnacional, promulgada no Brasil pelo Decreto nº 5.015, de 12 de março de 2004.
- Convenção Interamericana Contra a Fabricação e o Tráfico Ilícito de Armas de Fogo, Munições, Explosivos e Outros Materiais Correlatos, promulgada no Brasil pelo Decreto nº 3.229, de 29 de outubro de 1999.
- Convenção Contra o Tráfico Ilícito de Entorpecentes e Substâncias Psicotrópicas, promulgada no Brasil pelo Decreto nº 154, de 26 de junho de 1991.
- Convenção das Nações Unidas Contra a Corrupção, promulgada no Brasil pelo Decreto nº 5.687, de 31 de janeiro de 2006.

[25] Disponível em: https://www.justica.gov.br/sua-protecao/cooperacao-internacional/cooperacao-juridica-internacional-em-materia-penal/acordos-internacionais/acordos-multilaterais-1. Acesso em: 3 set. 2021.

- Convenção Interamericana sobre Assistência Mútua em Matéria Penal, promulgada no Brasil pelo Decreto nº 6.340, de 3 de janeiro de 2008.
- Protocolo de assistência Jurídica Mútua em Assuntos Penais, no âmbito do Mercosul, promulgado no Brasil pelo Decreto nº 3.468, de 17 de maio de 2000.
- Convenção Interamericana sobre Tráfico Internacional de Menores, promulgada no Brasil pelo Decreto nº 2.740, de 20 de agosto de 1998.
- Convenção Interamericana para o Cumprimento de Sentenças Penais no Exterior, promulgada no Brasil pelo Decreto nº 5.919, de 10 de junho de 1996.
- Convenção Interamericana Contra o Terrorismo, promulgada no Brasil pelo Decreto nº 5.639, de 26 de dezembro de 2005.
- Convenção Interamericana Contra a Corrupção, promulgada no Brasil pelo Decreto nº 4.410, de 7 de outubro de 2002.
- Convenção de Auxílio Judiciário em Matéria Penal entre os Estados Membros da CPLP, promulgada no Brasil pelo Decreto nº 8.833, de 4 de agosto de 2016.
- Acordo Complementar ao Acordo de Assistência Jurídica Mútua em Assuntos Penais entre os Estados Partes do Mercosul, Bolívia e Chile, promulgado no Brasil pelo Decreto nº 8.331, de 12 de novembro de 2014.
- Convenção sobre o Combate da Corrupção de Funcionários Públicos Estrangeiros em Transações Comerciais Internacionais, promulgada no Brasil pelo Decreto nº 3.678, de 30 de novembro de 2000.

- Protocolo para eliminar o comércio ilícito de produtos de tabaco, promulgada no Brasil pelo Decreto nº 9.516, de 1º de outubro de 2018.

16.1.2 *Acordos bilaterais em matéria penal*

Eis 21 acordos de cooperação jurídica celebrados entre o Brasil e outros países, com os respectivos decretos de promulgação interna[26].

- Bélgica: Tratado entre a República Federativa do Brasil e o Reino da Bélgica sobre o Auxílio Jurídico Mútuo em Matéria Penal, promulgado no Brasil pelo Decreto nº 9.130, de 17 de agosto de 2017.
- Canadá: Acordo de Assistência Mútua em Matéria Penal entre o Governo da República Federativa do Brasil e o Governo do Canadá, promulgado no Brasil pelo Decreto nº 6.747, de 22 de janeiro de 2009.
- China: Acordo entre a República Federativa do Brasil e a República Popular da China sobre a Assistência Jurídica Mútua em Matéria Penal, promulgado no Brasil pelo Decreto nº 6.282, de 3 de dezembro de 2007.
- Colômbia: Acordo de Cooperação Judiciária e Assistência Mútua em Matéria Penal entre o Governo da República Federativa do Brasil e o Governo da República da Colômbia em Matéria Penal, promulgado no Brasil pelo Decreto nº 3.895, de 23 de agosto de 2001.
- Coreia do Sul: Acordo entre a República Federativa do Brasil e a República da Coreia sobre a Assistência Judiciária Mútua

[26] Disponível em: https://www.justica.gov.br/sua-protecao/cooperacao-internacional/cooperacao-juridica-internacional-em-materia-penal/acordos-internacionais/acordos-bilaterais-1. Acesso em: 3 set. 2021.

em Matéria Penal, promulgado no Brasil pelo Decreto nº 5.721, de 13 de março de 2006.

- Cuba: Acordo de Cooperação Judicial em Matéria Penal entre o Governo da República Federativa do Brasil e o Governo da República de Cuba, promulgado no Brasil pelo Decreto nº 6.462, de 21 de maio de 2008.
- Espanha: Acordo de Cooperação e Auxílio Jurídico Mútuo em Matéria Penal entre a República Federativa do Brasil e o Reino da Espanha, promulgado no Brasil pelo Decreto nº 6.681, de 08 de dezembro de 2008.
- Estados Unidos: Acordo de Assistência Judiciária em Matéria Penal entre o Governo da República Federativa do Brasil e o Governo dos Estados Unidos da América, promulgado no Brasil pelo Decreto nº 3.810, de 2 de maio de 2001.
- França: Acordo de Assistência Judiciária em Matéria Penal entre o Governo da República Federativa do Brasil e o Governo da República Francesa, promulgado no Brasil pelo Decreto nº 3.324, de 30 de maio de 1999.
- Honduras: Tratado entre o Governo da República Federativa do Brasil e o Governo da República de Honduras sobre Auxílio Jurídico Mútuo em Matéria Penal, promulgado no Brasil pelo Decreto nº 8.046, de 11 de julho de 2013.
- Itália: Acordo de Assistência Judiciária em Matéria Penal entre o Governo da República Federativa do Brasil e o Governo da República Italiana, promulgado no Brasil pelo Decreto nº 862, de 9 de julho de 1993.
- Jordânia: Acordo sobre Auxílio Jurídico Mútuo em Matéria Penal entre a República Federativa do Brasil e o Reino

Hachemita da Jordânia, promulgado no Brasil pelo Decreto nº 9.729, de 15 de março de 2019.

- México: Acordo de Assistência Jurídica Internacional em Matéria Penal entre a República Federativa do Brasil e os Estados Unidos Mexicanos, promulgado no Brasil pelo Decreto nº 7.595, de 1º de novembro de 2011.
- Nigéria: Acordo de Assistência Jurídica Mútua em Matéria Penal entre o Governo da República Federativa do Brasil e o Governo da República Federal da Nigéria, promulgado no Brasil pelo Decreto nº 7.582, de 13 de outubro de 2011.
- Panamá: Acordo de Assistência Jurídica Mútua em Matéria Penal entre a República Federativa do Brasil e a República do Panamá sobre o Auxílio Jurídico Mútuo em Matéria Penal, promulgado no Brasil pelo Decreto nº 7.596, de 1º de novembro de 2011.
- Peru: Acordo de Assistência Judiciária em Matéria Penal entre o Governo da República Federativa do Brasil e o Governo da República do Peru, promulgado no Brasil pelo Decreto nº 3.988, de 29 de outubro de 2001.
- Reino Unido da Grã-Bretanha e Irlanda do Norte: Tratado de Assistência Jurídica Mútua em Matéria Penal entre o Governo da República Federativa do Brasil e o Governo do Reino Unido da Grã-Bretanha e Irlanda do Norte, promulgado no Brasil pelo Decreto nº 8.047, de 11 de julho de 2013.
- Suíça: Acordo de Assistência Judiciária em Matéria Penal entre o Governo da República Federativa do Brasil e o Governo da Confederação Suíça, promulgado no Brasil pelo Decreto nº 6.974, de 7 de outubro de 2009.
- Suriname: Acordo de Assistência Judiciária em Matéria Penal entre o Governo da República Federativa do Brasil e

o Governo da República do Suriname, promulgado no Brasil pelo Decreto nº 6.832, de 29 de abril de 2009.

- Turquia: Acordo sobre o Auxílio Jurídico Mútuo em Matéria Penal entre a República Federativa do Brasil e a República da Turquia, promulgado no Brasil pelo Decreto nº 9.065, de 31 de maio de 2017.
- Ucrânia: Acordo de Assistência Judiciária em Matéria Penal entre o Governo da República Federativa do Brasil e o Governo da Ucrânia, promulgado pelo Decreto nº 5.984, de 12 de dezembro de 2006.

16.2 Cooperação em matéria civil

É o Departamento de Recuperação de Ativos e Cooperação Jurídica Internacional da Secretaria Nacional de Justiça (DRCI/Senajus), órgão do Ministério da Justiça e Segurança Pública (MJSP), a Autoridade Central no Brasil para a maioria dos Tratados de Cooperação Jurídica Internacional dos quais o país faz parte.

Em matéria civil, os pedidos de cooperação jurídica internacional geralmente são destinados a direitos privados transnacionais, oriundos de cidadãos, empresas ou autoridades judiciais.

Várias providências podem ser solicitadas, entre as quais a simples comunicação de ato processual ou a obtenção de provas, documentos ou informações e até mesmo medidas constritivas ou em obrigações de fazer ou não fazer, caracterizando-se a maioria dos pedidos em temas como pensões alimentícias e questões de família (divórcio e reconhecimento de paternidade).

Vale observar que a maioria dos pedidos de cooperação em matéria civil refere-se a questões de nacionais brasileiros para o exterior.

16.2.1 Acordos multilaterais em matéria civil

O Brasil é parte de diversos acordos multilaterais em matéria civil. Em seguida, estão listados os 18 tratados que o país subscreveu e promulgou internamente[27].

- Convenção da Haia sobre Citação (Convenção Relativa à Citação, Intimação e Notificação no Estrangeiro de Documentos Judiciais e Extrajudiciais em Matéria Civil e Comercial), promulgada no Brasil pelo Decreto no 9.734, de 20 de março de 2019.
- Convenção da Haia sobre o Acesso Internacional à Justiça, promulgada no Brasil pelo Decreto nº 8.343, de 13 de novembro de 2014.
- Convenção sobre a Cobrança Internacional de Alimentos para Crianças e Outros Membros da Família e Protocolo sobre a Lei Aplicável às Obrigações de Prestar Alimentos, promulgada no Brasil pelo Decreto no 9.176, de 19 de outubro de 2017.
- Convenção sobre a Obtenção de Provas no Estrangeiro em Matéria Civil ou Comercial, promulgada no Brasil pelo Decreto no 9.039, de 27 de abril de 2017.
- Acordo de Cooperação e Assistência Jurisdicional em Matéria Civil, Comercial, Trabalhista e Administrativa entre os Estados Partes do Mercosul, a República da Bolívia e do Chile, promulgado no Brasil pelo Decreto no 6.891, de 2 de julho de 2009.
- Protocolo de Cooperação e Assistência Jurisdicional em Matéria Civil, Comercial, Trabalhista e Administrativa entre

[27] Disponível em: https://www.justica.gov.br/sua-protecao/cooperacao-internacional/cooperacao-juridica-internacional-em-materia-civil/acordos-internacionais/acordos-multilaterais. Acesso em: 3 set. 2021.

os Estados Partes do Mercosul, promulgado no Brasil pelo Decreto no 2.067, de 12 de novembro de 1996.

- Acordo sobre o Benefício da Justiça Gratuita e Assistência Jurídica Gratuita entre os Estados Partes do Mercosul, assinado em Florianópolis, em 15 de dezembro de 2000, promulgado no Brasil pelo Decreto no 6.086, de 19 de abril de 2007.
- Acordo sobre o Benefício da Justiça Gratuita e a Assistência Jurídica Gratuita entre os Estados Partes do Mercosul, a República da Bolívia e a República do Chile, assinado em Florianópolis, em 15 de dezembro de 2000, promulgado no Brasil pelo Decreto no 6.679, de 8 de dezembro de 2008.
- Convenção Sobre os Aspectos Civis do Sequestro Internacional de Crianças, promulgada no Brasil pelo Decreto no 3.413, de 14 de abril de 2000.
- Convenção relativa à Proteção das Crianças e à Cooperação em Matéria de Adoção Internacional, promulgada no Brasil pelo Decreto no 3.087, de 21 de junho de 1999.
- Convenção Interamericana sobre Tráfico Internacional de Menores, promulgada no Brasil pelo Decreto no 2.740, de 20 de agosto de 1998.
- Protocolo de Medidas Cautelares, promulgado no Brasil pelo Decreto no 2.626, de 15 de junho de 1998.
- Convenção Interamericana Sobre Obrigação Alimentar, promulgada no Brasil pelo Decreto no 2.428, de 17 de dezembro de 1997.
- Convenção Interamericana sobre Prova e Informação acerca do Direito Estrangeiro, promulgada no Brasil pelo Decreto no 1.925, de 10 de junho de 1996.

- Convenção Interamericana sobre Cartas Rogatórias, promulgada no Brasil pelo Decreto no 1.899, de 9 de maio de 1996.
- Protocolo Adicional à Convenção Interamericana sobre Cartas Rogatórias, promulgado no Brasil pelo Decreto no 2.022, de 7 de outubro de 1996.
- Convenção Interamericana sobre a Restituição Internacional de Menores, promulgada no Brasil pelo Decreto no 1.212, de 3 de agosto de 1994.
- Convenção sobre a Prestação de Alimentos no Estrangeiro, promulgada no Brasil pelo Decreto no 56.826, de 2 de setembro de 1965.

16.2.2 Acordos bilaterais em matéria civil

Também em matéria civil, temos acordos bilaterais celebrados com diversos Estados estrangeiros. Segue a relação de 14 tratados[28].

- Argentina: Convenção sobre Assistência Judiciária Gratuita com a Argentina, promulgada no Brasil pelo Decreto nº 62.978, de 11 de julho de 1968.
- Argentina: Acordo de Cooperação Judiciária em Matéria Civil, Comercial, Trabalhista e Administrativa, entre o Governo da República Federativa do Brasil e o Governo da República Argentina, promulgado no Brasil pelo Decreto nº 1.560, de 18 de julho de 1995.
- Bélgica: Convenção entre Brasil e a Bélgica sobre Assistência Judiciária Gratuita, promulgada no Brasil pelo Decreto nº 41.908, de 29 de julho de 1957.

---

[28] Disponível em: https://www.justica.gov.br/sua-protecao/cooperacao-internacional/cooperacao-juridica-internacional-em-materia-civil/acordos-internacionais/acordos-bilaterais. Acesso em: 3 set. 2021.

- China: Tratado sobre Auxílio Judicial em Matéria Civil e Comercial entre a República Federativa do Brasil e a República Popular da China, firmado em Pequim, em 19 de maio de 2009, promulgado no Brasil pelo Decreto nº 8.430, de 9 de abril de 2015.
- Costa Rica: Tratado entre a República Federativa do Brasil e a República da Costa Rica sobre Cooperação Jurídica Internacional em Matéria Civil, promulgado no Brasil pelo Decreto nº 9.724, de 12 de março de 2019.
- Espanha: Convênio de Cooperação Judiciária em Matéria Civil, entre o Governo da República Federativa do Brasil e o Reino da Espanha, promulgado no Brasil pelo Decreto nº 166, de 3 de julho de 1991.
- França: Acordo de Cooperação em Matéria Civil entre o Governo da República Federativa do Brasil e o Governo da República Francesa, promulgado no Brasil pelo Decreto nº 3.598, de 12 de setembro de 2000.
- Itália: Tratado Relativo à Cooperação Judiciária e ao Reconhecimento e Execução de Sentenças em Matéria Civil entre a República Federativa do Brasil e a República Italiana, promulgado no Brasil pelo Decreto nº 1.476, de 2 de maio de 1995.
- Japão: Acordo sobre Assistência Judiciária Gratuita entre o Brasil e o Japão.
- Líbano: Acordo sobre Cooperação Jurídica em Matéria Civil entre o Governo da República Federativa do Brasil e o Governo da República Libanesa, promulgada no Brasil pelo Decreto nº 7.934, de 19 de fevereiro de 2013.

- Países Baixos: Convenção sobre Assistência Judiciária Gratuita entre o Brasil e o Reino dos Países Baixos, promulgada no Brasil pelo Decreto nº 53.923 de 20 de maio de 1964.
- Países Baixos: Acordo para a extensão ao Suriname e às Antilhas Neerlandesas a Convenção relativa à Assistência Judiciária Gratuita de 1959.
- Portugal: Acordo relativo ao Cumprimento de Cartas Rogatórias entre Brasil e Portugal. Firmado por troca de notas nos dias 23 e 29 de agosto de 1895.
- Uruguai: Acordo de Cooperação Judiciária em Matéria Civil, Comercial, Trabalhista e Administrativa entre o Governo da República Federativa do Brasil e o Governo da República Oriental do Uruguai, promulgado no Brasil pelo Decreto nº 1.850, de 10 de abril de 1996.

16.3 Transferência de pessoas condenadas

Esse mecanismo de cooperação jurídica em matéria penal tem caráter estritamente humanitário, visando proporcionar a proximidade do apenado com sua família e seu ambiente sociocultural, com reflexos em suas condições psicológicas e emocionais, possibilitando um futuro retorno à vida em sociedade, reabilitando a pessoa e reeducando-a para o retorno à convivência social.

Essa transferência ocorre por duas formas: ativa ou passiva. A primeira envolve um preso de nacionalidade brasileira, que cumpre pena em outro país, decorrente de sentença proferida pelo judiciário estrangeiro, sendo sua transferência solicitada para o Brasil, pela proximidade com sua família e seu ambiente, para que possa cumprir o restante da cominação legal em seu país de origem. A transferência passiva, inversamente, dá-se com relação ao estrangeiro preso e condenado no Brasil que requer transferência para seu país de origem. Lá deverá, próximo de seus familiares, cumprir o restante da pena aplicado pelo Judiciário brasileiro.

A análise da admissibilidade do pedido para fins de transferência de pessoas condenadas é de responsabilidade do Departamento de Recuperação de Ativos e Cooperação Jurídica Internacional (DRCI) do Ministério da Justiça e Segurança Pública (MJSP), no que respeita à tramitação do processo administrativo.

A Lei de Migração (Lei nº 13.445, de 24 de maio de 2017) cuida, no artigo 100, da transferência de criminosos para fins de execução da pena. Dispõe:

> Art. 100. Nas hipóteses em que couber solicitação de extradição executória, a autoridade competente poderá solicitar ou autorizar a transferência de execução da pena, desde que observado o princípio do *non bis in idem*.

Relativamente à transferência de pessoa condenada, o artigo 103 do mesmo diploma elucida que "*poderá ser concedida quando o pedido se fundamentar em tratado ou houver promessa de reciprocidade*".

Em seguida, lembrando a faculdade de que a transferência de pessoa condenada no Brasil pode ser concedida juntamente à aplicação de medida de impedimento de reingresso no território nacional (§ 2º), é esclarecido, no § 1º, que:

§ 1º O condenado no território nacional poderá ser transferido para seu país de nacionalidade ou país em que tiver residência habitual ou vínculo pessoal, desde que expresse interesse nesse sentido, a fim de cumprir pena a ele imposta pelo Estado brasileiro por sentença transitada em julgado.

16.4 Combate à subtração de menores

16.4.1 Conceito

Uma das grandes preocupações do mundo civilizado tem sido com o crescente tráfico de menores em todo o globo. O sequestro de crianças tem sido tema recorrente entre todos os países porquanto tem se intensificado e ainda não se conseguem mecanismos efetivamente adequados para coibir essa prática lamentável que envolve vulneráveis.

Como se sabe, o tráfico ilícito de crianças, que também pode ser chamado de subtração internacional ou sequestro internacional de crianças, é uma prática que importa na apreensão e/ou na transferência de uma criança para outro país, distinto daquele onde habitualmente reside, sem consentimento de um responsável legal ou de um de seus pais, ou mesmo sem autorização judicial.

Considera-se prática de ato ilícito contra menores a alteração unilateral do país de sua residência, reter a criança em um país sem consentimento de um dos genitores ou sem autorização judicial, findo um período de recreação ou similar.

A Resolução nº 131/2011, do CNJ, que dispõe sobre a concessão de autorização de viagem para o exterior de crianças e adolescentes brasileiros, e revoga a Resolução nº 74/2009 do mesmo Conselho, determina, em seu artigo 11, que as autorizações de viagem de crianças e adolescentes têm apenas essa finalidade, mas não são autorizações para fixação de residência no exterior, salvo se estiver expressamente consignada.

Essa mesma Resolução observa duas situações importantes: viagem de crianças ou adolescentes brasileiros para o exterior; e retorno de crianças ou adolescentes brasileiros ou não residentes fora do Brasil em direção ao país de residência.

O artigo 1º considera dispensável autorização judicial na primeira circunstância, quando a criança ou o adolescente estiver:

1. em companhia de ambos os genitores;
2. em companhia de um dos genitores, desde que haja autorização do outro, com firma reconhecida; ou
3. desacompanhado ou em companhia de terceiros maiores e capazes, designados pelos genitores, desde que haja autorização de ambos os pais, com firma reconhecida.

Já o artigo 2º dispõe ser dispensável a autorização judicial para crianças ou adolescentes brasileiros residentes fora do Brasil, detentores ou não de outra nacionalidade, em viagem de volta ao país de residência, nas seguintes situações:

1. em companhia de um dos genitores, independentemente de qualquer autorização escrita; ou
2. acompanhado ou não de terceiro maior e capaz designado pelos genitores, desde que haja autorização escrita dos pais, com firma reconhecida.

16.4.2 Tratados internacionais sobre sequestro de menores

Visando à proteção e ao bem-estar da criança e do adolescente que vivem em um lar com problemas de convivência familiar e que, repentinamente, são retirados do seu país de residência ou mesmo proibidos de se deslocar para outro país, dois importantes tratados foram celebrados para reger a matéria no âmbito do Direito Internacional Geral e do Direito Internacional Americano.

A Convenção da Haia de 25 de outubro de 1980, tratando sobre os aspectos civis do sequestro internacional de crianças, foi promulgada no Brasil pelo Decreto nº 3.412, de 14 de abril de 2000, tendo o país aposto reserva interpretativa a seu artigo 24, conforme permite o artigo 42, para determinar que os documentos estrangeiros juntados aos autos judiciais sejam acompanhados de tradução para o português, feita por tradutor juramentado oficial.

Em um de seus *consideranda*, a Convenção da Haia consigna o desejo de "*proteger a criança, no plano internacional, dos efeitos prejudiciais resultantes de mudança de domicílio ou de retenção ilícitas e estabelecer procedimentos que garantam o retorno imediato da criança ao Estado de sua residência habitual, bem como assegurar a proteção do direito de visita*".

No artigo 1º de sua parte dispositiva, esse importante tratado registra os dois principais objetivos do documento:

> a) assegurar o retorno imediato de crianças ilicitamente transferidas para qualquer Estado Contratante ou nele retidas indevidamente;
> b) fazer respeitar de maneira efetiva nos outros Estados Contratantes os direitos de guarda e de visita existentes num Estado Contratante.

No âmbito do Direito Internacional Americano, encontramos a Convenção Interamericana sobre a Restituição Internacional de Menores, adotada em Montevidéu, em 15 de julho de 1989, e promulgada no Brasil pelo Decreto nº 1.212, de 3 de agosto de 1994.

Seguindo a linha da Convenção da Haia, o artigo 1º da Convenção Interamericana consigna o objeto do tratado, esclarecendo, no artigo 2º, que deve ser considerada menor toda pessoa que não tiver completado dezesseis anos de idade.

De acordo com o artigo 1º, o objetivo principal desse tratado é:

> Artigo 1
> Esta Convenção tem por objeto assegurar a pronta restituição de menores que tenham residência habitual em dos Estados Partes e

> que hajam sido transportados ilegalmente de qualquer Estado para um Estado Parte ou que, havendo sido transportados legalmente, tenham sido retidos ilegalmente. É também objeto desta Convenção fazer respeitar o exercício do direito de visita, de custódia ou de guarda por parte dos titulares desses direitos.

Dois temas importantíssimos são tratados pela Convenção Interamericana, e o artigo 3º os define. O primeiro é o direito de custódia, também chamado de direito de guarda, que compreende o direito referente ao cuidado do menor e, em especial, o de decidir seu lugar de residência; e o segundo é o destacado direito de visita, que é a faculdade de levar o menor, por período limitado, a lugar diferente do de sua residência habitual.

Ainda nos termos da Convenção (artigo 4º), será considerado ilegal o transporte ou a retenção de menor quando ocorrer em violação dos direitos que, de acordo com a lei de sua residência habitual, exerciam, individual ou conjuntamente, imediatamente antes de ocorrido o fato, os pais, tutores, guardiões ou qualquer instituição.

Para ambas as convenções, vale realçar que será a Autoridade Central Administrativa Federal (ACAF) a competente para receber e enviar pedidos de cooperação jurídica internacional para retorno de menores que sejam vítimas de subtração internacional ao seu país de residência habitual, bem como a consecução do direito de visitas transnacionais, que ocorre quando não há subtração internacional ilícita de criança ou adolescente.

Recebido o pedido de uma autoridade central estrangeira, a ACAF, juntamente à Interpol e à Advocacia-Geral da União, age para buscar a localização do menor, a fim de que seja implementada a solicitação alienígena para promover o retorno seguro do menor ao seu país de residência habitual ou para promover o restabelecimento do contato entre este e seu familiar impedido de exercer o direito de visitas.

Inversamente, quando os menores tenham sido levados irregularmente do Brasil, a ACAF deverá encaminhar o pedido de retorno ou de gozo do direito de visitas à autoridade central do país onde se encontra ilicitamente retido o dito menor.

Tema recorrente é o direito de visita. Segundo o artigo 21 da Convenção Interamericana, a solicitação que tiver por objeto fazer respeitar o exercício do direito de visita por parte de seus titulares poderá ser dirigida às autoridades competentes de qualquer Estado parte. A regra vem pormenorizada na Convenção da Haia, em seu artigo 21.

> Artigo 21
>
> O pedido que tenha por objetivo a organização ou a proteção do efetivo exercício do direito de visita poderá ser dirigido à Autoridade Central de um Estado Contratante nas mesmas condições do pedido que vise o retomo da criança.
>
> Às Autoridades Centrais, incumbe, de acordo com os deveres de cooperação previstos no Artigo 7, promover o exercício pacífico do direito de visita, bem como o preenchimento de todas as condições indispensáveis ao exercício deste direito. As autoridades contrais deverão tomar providencias no sentido de remover, tanto quanto possível, todos os obstáculos ao exercício desse mesmo direito.
>
> As Autoridades Centrais podem, diretamente ou por meio de intermediários, iniciar ou favorecer o procedimento legal com o intuito de organizar ou proteger o direito de visita e assegurar a observância das condições a que o exercício deste direito esteja sujeito.

16.5 Adoção internacional

16.5.1 Normação legal

O tema relativo à adoção internacional é objeto da Convenção Relativa à Proteção das Crianças e à Cooperação em Matéria de Adoção Internacional, concluída em Haia, em 29 de maio de 1993, e promulgada no Brasil pelo Decreto nº 3.087, de 21 de junho de 1999. Internamente, cuida da matéria o Estatuto da Criança e do Adolescente (ECA), que é a Lei nº 8.069, de 13 de julho de 1999.

O inegável valor do ECA realça no exame da adoção internacional, mesmo porque, consoante seu artigo 51, adoção nessas condições é aquela na qual o pretendente possui residência habitual em país parte da Convenção da Haia de 1993 e deseja adotar criança em outro país parte da Convenção.

Assim, é indispensável registrar os países que participam desse tratado, a saber: África do Sul, Albânia, Alemanha, Andorra, Antígua e Barbuda, Argentina, Armênia, Austrália, Azerbaijão, Bahamas, Bahrain, Barbados, Bélgica, Belize, Bielorrússia, Bolívia, Bósnia e Herzegovina, Botsuana, Brasil, Brunei, Bulgária, Burundi, Cabo Verde, Cazaquistão, Chile, China (Hong Kong e Macau), Chipre, Colômbia, Coreia, Costa Rica, Croácia, Dinamarca, Dominica, El Salvador, Equador, Eslováquia, Eslovênia, Espanha, Estados Unidos, Estônia, Federação Russa, Ilhas Fiji, Filipinas, Finlândia, França, Geórgia, Granada, Grécia, Guatemala, Guiana, Honduras, Hungria, Ilhas Cook, Ilhas Marshall, Ilhas Maurício, Índia, Irlanda, Islândia, Israel, Itália, Japão, Kosovo, Lesoto, Letônia, Libéria, Liechtenstein, Lituânia, Luxemburgo, Macedônia, Malawi, Malta, Marrocos, México, Mônaco, Mongólia, Montenegro, Namíbia, Nicarágua, Niue, Noruega, Nova Zelândia, Omã, Países Baixos, Panamá, Paraguai, Peru, Polônia, Portugal, Quirguistão, Reino Unido da Grã-Bretanha e Irlanda do Norte, República

Checa, Moldávia, República Dominicana, Romênia, Samoa, San Marino, Santa Lucia, São Cristóvão e Nevis, São Tomé e Príncipe, São Vicente e Granadinas, Sérvia, Seychelles, Suazilândia, Suécia, Suíça, Suriname, Tajiquistão, Tonga, Trinidad e Tobago, Tunísia, Turquia, Ucrânia, Uruguai, Uzbequistão, Vanuatu e Venezuela[29].

No Brasil, a adoção de menores brasileiros ou residentes no Brasil para o exterior é objeto do Decreto nº 3.174, de 16 de setembro de 1999, atribuindo responsabilidade às autoridades centrais dos Estados e do Distrito Federal (Comissões Estaduais Judiciárias de Adoção e Adoção Internacional).

A ACAF, de que cuidamos anteriormente, é o órgão administrativo competente para credenciar organismos nacionais e estrangeiros para adoção internacional e acompanhamento pós-adotivo e de cooperação jurídica com as autoridades centrais estrangeiras, funcionando como secretaria executiva do Conselho das Autoridades Centrais Brasileiras.

16.5.2 Procedimentos para adoção

Enquanto a adoção se processa nos termos da Convenção da Haia quando se realizar entre Estados que a ratificaram, nos demais casos, deve ser observado o artigo 52-D do ECA, que dispõe:

> Art. 52-D. Nas adoções internacionais, quando o Brasil for o país de acolhida e a adoção não tenha sido deferida no país de origem porque a sua legislação a delega ao país de acolhida, ou, ainda, na hipótese de, mesmo com decisão, a criança ou o adolescente ser oriundo de país

[29] Cf. https://www.cnj.jus.br/poder-judiciario/relacoes-internacionais/apostila-da-haia/paises-signatarios/. Acesso em: 13 set. 2020.

que não tenha aderido à Convenção referida, o processo de adoção seguirá as regras da adoção nacional.

Existem, com efeito, três hipóteses de adoção de menor que esteja em país não ratificante da Convenção da Haia por pretendentes residentes no Brasil, a saber: 1) a que ocorre do Brasil; 2) a que se processa no exterior; e 3) a que é concluída em nosso país.

Quanto à primeira, os interessados devem obter habilitação na vara da comarca de sua residência e, traduzida a documentação, enviá-la ao país de origem do menor. Concluída a adoção no exterior, será emitida nova certidão de nascimento do adotado a ser registrada no Consulado do Brasil no país da adoção e homologada a sentença estrangeira pelo STJ.

No que se refere à adoção no exterior, é dispensada a habilitação prévia no Brasil se a lei local permitir, devendo ser constatada a possibilidade de visitantes também serem incluídos nesse estrito rol. Concluída a adoção, também deve ser feito o registro no consulado brasileiro no país de adoção, mediante homologação de sentença estrangeira pelo STJ.

Quando a conclusão da adoção ocorrer no Brasil, desde que permitida pelo país de origem do menor, os interessados podem viajar para nosso país antes de concluído o processo, com os vistos aplicáveis aos nacionais de seu país, feito no consulado brasileiro da localidade. Estando no Brasil, os pretendentes devem prosseguir nos trâmites legais perante a vara da comarca de sua residência, seguindo as previsões da lei brasileira.

No que se refere à adoção internacional, o ECA contém regras específicas que devem ser observadas, com base no artigo 51, tratando das condições de adoção, organismos nacionais e estrangeiros credenciados para intermediar procedimentos de adoção, entre outros temas relevantes.

16.5.3 Organismos de adoção

Incumbe aos organismos de adoção internacional a missão de mediar procedimento de adoção internacional no Brasil e fora dele, conforme a Convenção da Haia de 1993.

De acordo com o inciso V do artigo 2º do Decreto nº 3.174, de 16 de setembro de1999, incumbe à ACAF, discricionariamente, a tarefa de credenciar esses organismos.

> Art. 2º Compete à Autoridade Central Federal:
>
> ....
>
> V - promover o credenciamento dos organismos que atuem em adoção internacional no Estado brasileiro, verificando se também estão credenciadas pela autoridade Central do Estado contratante de onde são originários, comunicando o credenciamento ao Bureau Permanente da Conferência da Haia de Direito Internacional Privado.

16.5.4 Organismos estrangeiros credenciados pela ACAF

O credenciamento perante a ACAF é requisito indispensável para que qualquer entidade não governamental atue nas adoções internacionais, seja do Brasil para o exterior ou vice-versa, nos termos preconizados pelo artigo 52, § 2º, do Decreto nº 5.491, de 18 de julho de 2005, *verbis*:

> § 2º Incumbe à Autoridade Central Federal Brasileira o credenciamento de organismos nacionais e estrangeiros encarregados de intermediar pedidos de habilitação à adoção internacional, com posterior

comunicação às Autoridades Centrais Estaduais e publicação nos órgãos oficiais de imprensa e em sítio próprio da internet.

Presentemente, esses organismos são os seguintes[30]:

1. AAiM (Associación D'ajuda als Infants del Món, Espanha)
2. AFN (Azione per Famiglie Nuove, Itália)
3. AiBi (Associazione Amici dei Bambini, Itália)
4. AIPA (Associazione Italiana pro Adozione, Itália)
5. AMI (Amici Missioni Indiane, Itália)
6. Associação Arc en ciel France-Brésil (França)
7. BRADOPTA (Espanha)
8. CIFA (Centro Internazionale per l´Infanzia e la Famiglia, Itália)
9. Cofa Cognac (França)
10. Hand In Hand Internacional Adoptions (Estados Unidos)
11. Il Mantello – Associazione di Volontariato per la Famiglia e l'Adozione (Itália)
12. Lifeline Children's Service (Estados Unidos)
13. NOVA (Nuovi Orizzonti per Vivere la Adozione, Itália)
14. Servizio Regionale per le Adozioni Internazionali (Regione Piemonte , Itália)
15. Senza Frontiere Onlus (Itália)

[30] Relação atualizada disponível em: https://www.justica.gov.br/sua-protecao/cooperacao-internacional/adocao-internacional/organismos-estrangeiros-credenciados-e-seus-respectivos-representantes-no-brasil.pdf. Acesso em: 13 set. 2020.

CAPÍTULO IV

INSTRUMENTOS DE COOPERAÇÃO INTERNACIONAL

CARTA ROGATÓRIA

17.1 Noções gerais

O artigo 36 do CPC contém a regra básica acerca de Carta Rogatória, dispondo:

> Art. 36. O procedimento da carta rogatória perante o Superior Tribunal de Justiça é de jurisdição contenciosa e deve assegurar às partes as garantias do devido processo legal.
>
> § 1º A defesa restringir-se-á à discussão quanto ao atendimento dos requisitos para que o pronunciamento judicial estrangeiro produza efeitos no Brasil.
>
> § 2º Em qualquer hipótese, é vedada a revisão do mérito do pronunciamento judicial estrangeiro pela autoridade judiciária brasileira.

Trata-se a carta rogatória de um instrumento de comunicação entre os Poderes Judiciários de países diferentes, com o objetivo de colaboração para a realização de atos processuais específicos.

É semelhante à carta precatória, mas sua principal diferença encontra-se no fato de que o processo que lhe deu origem tramita em um país e o ato que deverá ser praticado será cumprido em país distinto.

Regra geral, a carta rogatória destina-se a realizar atos e diligências processuais no exterior, como oitiva de testemunhas, eventual prova pericial, e seu cumprimento obedece a tratados internacionais.

Possui duas espécies: a ativa e a passiva. A primeira é expedida por autoridade judiciária nacional para a realização de diligência em outros países (artigos 201 e 210 do Código de Processo Civil e artigos 368, 369 e 783 do Código de Processo Penal). A passiva é a oriunda do exterior, de juízes e tribunais estrangeiros, que deverá ser cumprida no Brasil, após a concessão, pelo STJ, do *exequatur*, nos termos dos artigos 111 do CPC e 784, 785 e 786 do CPP[31].

Quanto à carta rogatória ativa, é imperioso lembrar, no âmbito da Convenção de Nova York, que o Poder Judiciário deve encaminhar o documento à Procuradoria-Geral da República, que é a autoridade competente para remeter ao exterior. Ali, é feita a análise dos requisitos e transmitido o pedido ao Ministério do Exterior do país de destino, que é a autoridade intermediária estrangeira designada a esse fim, o qual, em seguida, enviará ao Judiciário nacional para os trâmites observando a ordenamento interno do país.

[31] Também no mesmo sentido: TEIXEIRA FILHO, Manoel Antônio, *op. cit.*, p. 65.

17.2 Origens das cartas rogatórias

A origem das cartas rogatórias remonta à primeira metade do século XIX, quando, pelo Aviso Circular nº 1, de 1847, recomendava-se o cumprimento de diligências — geralmente oriundas de Portugal — no Brasil.

Esse mesmo Aviso Circular e as normas que vieram após permitiam o recebimento da rogatória via diplomática ou consular, por apresentação do próprio interessado ou por remessa direta de juiz a juiz. Somente com a Lei nº 221, de 10 de novembro de 1894, já na República, surge o *exequatur*, com o procedimento prévio de admissibilidade que, então, era de competência do Poder Executivo. Era, então, vedada concessão de *exequatur* às cartas de caráter executório.

Com a Constituição de 1934, a competência passou a ser do Poder Judiciário, por meio do STF, e, desde o advento da Emenda Constitucional nº 45/2004, a competência para esse fim foi dada ao Superior Tribunal de Justiça (STJ).

Inicialmente, foi a Resolução nº 9, de 4 de maio de 2005, que dispunha, em caráter transitório, sobre a competência acrescida pela Emenda Constitucional nº 45/2004 ao STJ. Presentemente, o Regimento Interno da Corte Superior[32] contém os comandos referentes à concessão de *exequatur* a cartas rogatórias ao longo do artigo 216-O ao artigo 216-X.

17.3 Juízo de delibação

É o STJ que exerce o juízo de delibação, que consiste na concessão ou na denegação de exequibilidade às cartas rogatórias, mediante indispensável *exequatur*, nos termos do artigo 216-O do Regimento

[32] Publicado no DJ 07/07/1989, atualizado até a Emenda Regimental no 38, de 04/09/2020, DJe 11/09/2020. Disponível em: https://ww2.stj.jus.br/publicacaoinstitucional/index.php/Regimento/article/view/3115/3839. Acesso em: 15 out. 2020.

Interno do STJ, sendo atribuição do Presidente da Corte, que concederá à carta que tiver por objeto atos decisórios ou não decisórios. (§ 1º).

Note-se que o § 2º desse mesmo artigo contém importante advertência:

> § 2º Os pedidos de cooperação jurídica internacional que tiverem por objeto atos que não ensejem juízo deliberatório do Superior Tribunal de Justiça, ainda que denominados de carta rogatória, serão encaminhados ou devolvidos ao Ministério da Justiça para as providências necessárias ao cumprimento por auxílio direto.

Entendamos por juízo de delibação aquele que o Presidente do STJ exerce, tratando-se de ato autônomo e soberano do Estado brasileiro, homologando o pedido estrangeiro e concedendo-lhe o *exequatur*.

A delibação é um sistema surgido na Itália, com o CPC de 1865, ocorrendo a homologação quando verificado que não haverá ferimento de nenhum interesse do Estado em que produzirá efeitos. No Brasil, adota-se o sistema da deliberação moderada.

O juízo de delibação efetua controle dos requisitos exigidos pela lei interna e verifica sua compatibilidade com a ordem pública e a soberania nacional, limitando-se, no Brasil, ao exame da autenticidade dos documentos, a interpretação do ato e a afronta aos dois aspectos mencionados.

Nesse particular, a jurisprudência do STJ tem sido firme nos limites do juízo de delibação para a concessão de *exequatur*. Veja-se a decisão mostrada a seguir, que bem retrata esse aspecto.

> AGRAVO INTERNO NA CARTA ROGATÓRIA. NOTIFICAÇÃO. CONCESSÃO DE EXEQUATUR. QUESTÕES DE MÉRITO. COMPETÊNCIA DA JUSTIÇA ROGANTE.
> 1. A notificação da parte interessada acerca de decisão proferida na Justiça rogante não constitui ofensa à ordem pública, pois é ato de comunicação processual.
> 2. Cabe ao Superior Tribunal de Justiça emitir juízo meramente de delibação acerca da concessão do exequatur nas cartas rogatórias, sendo competência da Justiça rogante a análise de alegações relacionadas ao mérito da causa.
> 3. Agravo interno desprovido[33].

Note-se que o artigo 39 do CPC cuida de recusa à cooperação jurídica internacional, dispondo: *"O pedido passivo de cooperação jurídica internacional será recusado se configurar manifesta ofensa à ordem pública"*. É a regra do artigo 216-P do Regimento Interno do STJ: *"Não será concedido exequatur à carta rogatória que ofender a soberania nacional, a dignidade da pessoa humana e/ou a ordem pública"*.

Nesse passo, devemos recordar a doutrina de Teixeira Filho:

> A norma constitui repercussão do estabelecido no art. 17 da Lei de Introdução às Normas do Direito Brasileiro, assim redigido: "As leis, atos e sentenças de outro país, bem como quaisquer declarações de vontade, não terão eficácia no Brasil, quando ofenderem a soberania nacional, a ordem pública e os bons costumes"[34].

---

[33] AgInt na CR 14184/EX (agravo interno na carta rogatória 2019/0000282-5), j. 13/08/2019. Rel.: Ministro João Otávio de Noronha. Disponível em: https://scon.stj.jus.br/SCON/pesquisar.jsp. Acesso em: 17 out. 2020.

[34] TEIXEIRA FILHO, Manoel Antônio, *op. cit.*, p. 65.

A competência para conceder ou negar exequibilidade às cartas rogatórias que anteriormente era do Presidente do STF é, agora, do Presidente do STJ, como expresso anteriormente. O procedimento homologatório observará as disposições do Regimento Interno do STJ.

Com efeito, a parte requerida será intimada para impugnar, no prazo de quinze dias, o pedido de concessão do *exequatur* (artigo 216-Q), podendo a providência solicitada na rogatória ser realizada sem a oitiva da parte requerida, caso sua intimação prévia possa resultar na ineficiência da cooperação internacional (§ 1º do mesmo artigo).

A defesa, quando chamada a falar, ficará limitada apenas aos aspectos formais: "*autenticidade dos documentos, inteligência da decisão e observância dos requisitos previstos no Regimento*" (§ 2º do mesmo dispositivo).

A parte requerida, quando revel ou incapaz, terá curador especial (artigo 216-R), e o Ministério Público terá vistas dos autos pelo prazo de quinze para eventual impugnação do pedido de concessão de *exequatur* (artigo 216-S).

Havendo impugnação, o Presidente do STJ poderá mandar distribuir a processo um dos integrantes da Corte Especial para julgar a matéria (artigo 216-T do Regimento Interno).

Concedendo *exequatur*, caberá agravo à Corte Especial, em cinco dias, conforme o artigo 39 da Lei nº 8.039/90, combinado com o artigo 216-U do Regimento Interno do STJ.

Todavia, os recursos poderão ter sequência. Dos acórdãos da Corte Especial, de qualquer natureza nessa matéria, cabe recurso extraordinário ao STF, nos casos do artigo 102, III, da Constituição da República, porque o juízo de deliberação possui clara natureza jurisdicional, ensejando, com efeito, o cabimento de recurso extraordinário.

Ainda com relação a essa etapa recursal, admitem-se embargos declaratórios, como prevê o artigo 535 do CPC. Não são cabíveis embargos de divergência, embargos infringentes e o recurso ordinário nem agravo regimental contra acórdão da Corte Especial ou recurso extraordinário contra decisão do Presidente do STJ.

17.4 Cumprimento da rogatória

Deve ser observado que o cumprimento propriamente dito da rogatória é da competência da Justiça Federal de primeiro grau, nos termos do artigo 109, inciso X, da Constituição da República.

É o que ocorre após a concessão do *exequatur*, quando a carta rogatória será remetida ao Juízo Federal competente para cumprimento (artigo 216-V, do Regimento Interno do STJ).

Das decisões proferidas pelo Juiz Federal competente no cumprimento da carta rogatória caberão embargos, que poderão ser opostos pela parte interessada ou pelo Ministério Público Federal no prazo de dez dias, julgando-os o Presidente do STJ (artigo 216-V, § 1º), podendo versar sobre qualquer ato referente ao cumprimento da medida, exclusive a concessão do *exequatur* ou apreciação de seu mérito (§ 2º). Dessa decisão, cabem embargos (artigo 216-W), podendo o Presidente da Corte ou o relator do agravo, quando possível, ordenar o atendimento da medida pretendida (parágrafo único).

Finalmente, dispõe o artigo 216-X:

> Art. 216-X. Cumprida a carta rogatória ou verificada a impossibilidade de seu cumprimento, será devolvida ao Presidente deste Tribunal no prazo de dez dias, e ele a remeterá, em igual prazo, por meio do Ministério da Justiça ou do Ministério das Relações Exteriores, à autoridade estrangeira de origem.

Assim concluiu-se essa excelente forma de cooperação jurídica internacional.

Vale observar que as diligências mais habitualmente pleiteadas via carta rogatória referem-se a citação do devedor nas Ações de Execução de Sentença de Alimentos com tramitação no Brasil e citação e/ou intimação do demandado para audiência em processos de fixação de alimentos com tramitação no Brasil[35].

É pertinente ressaltar que, conforme o artigo 515 do CPC, a decisão interlocutória estrangeira, após a concessão do *exequatur* à carta rogatória pelo STJ, é considerado título executivo judicial e como tal deve ser cumprido (inciso IX).

17.5 Situação do Mercosul

Existe, entretanto, uma grande exceção no que respeita à finalidade mais comum das cartas rogatórias, que é a regra inaugurada pelo Protocolo de Las Leñas, no âmbito do Mercosul.

Historicamente, a carta rogatória não tem finalidade executória (Aviso nº 1, de 1º de outubro de 1847), destinando-se apenas a citação, intimação, notificação ou inquirição, como, inclusive, contempla expressiva doutrina brasileira[36].

A matéria, todavia, possui outros contornos no âmbito do Mercosul, criado pelo Tratado de Assunção de 1990, formado inicialmente por

---

[35] Cf. http://www.mpf.mp.br/atuacao-tematica/sci/dados-da-atuacao/alimentos-internacionais-convencao-de-nova-iorque-1/3-cartas-rogatorias. Acesso em: 16 ago. 2020.

[36] N. sent.: HUCK, Hermes Marcelo. *Sentença estrangeira e lex mercatória*. São Paulo: Saraiva, 1994. p. 35; BATALHA, Wilson de Souza Campos. *Tratado de direito internacional privado* (III). 2. ed. São Paulo: RT, 1977. p. 403 *passim*; CASTRO, Amílcar de. *Direito internacional privado*. 4. ed. Rio de Janeiro: Forense, 1987. p. 565 *passim*; VALLADAO, Haroldo Teixeira. *Direito internacional privado* (III). Rio de Janeiro: Freitas Bastos, 1978, p. 176; FRANCO FILHO, Georgenor de Sousa. *Execução da sentença estrangeira*. *In*: ROMAR, Carla Teresa Martins; SOUSA, Otávio Augusto Reis de (Org.). *Temas relevantes de direito material e processual do trabalho (homenagem ao Prof. Pedro Paulo Teixeira Manus)*. São Paulo: LTr, 2000. p. 66-73.

Argentina, Brasil, Paraguai e Uruguai, e que depois ampliou-se para a Venezuela, além de ter como observadores o Chile e a Bolívia.

No ambiente do Mercosul, foi adotado o Protocolo de Las Leñas (Protocolo de Cooperação e Assistência Jurisdicional em Matéria Civil, Comercial, Trabalhista e Administrativa), em 27 de junho de 1992, promulgado no Brasil pelo Decreto nº 2.067, de 12 de novembro de 1996, que inovou, permitindo a prática de atos executórios por via de carta rogatória, conforme seu artigo 19.

> Artigo 19
>
> O pedido de reconhecimento e execução de sentenças e de laudos arbitrais por parte das autoridades jurisdicionais será tramitado por via de cartas rogatórias e por intermédio da Autoridade Central.

A matéria foi aperfeiçoada pelo Acordo de Cooperação e Assistência Jurisdicional em Matéria Civil, Comercial, Trabalhista e Administrativa, celebrado entre os Estados partes do Mercosul (com exceção da Venezuela) e Bolívia e Chile, assinado em Buenos Aires em 5 de julho de 2002 e promulgado no Brasil pelo Decreto nº 6.891, de 2 de julho de 2009. Conforme consigna esse acordo, cujo preâmbulo reafirma a vontade de acordar soluções jurídicas comuns a fim de fortalecer o processo de integração, é estipulado um regramento especial sobre tramitação de cartas rogatórias nos respectivos territórios. O artigo 19 do acordo consigna regra semelhante a Las Leñas.

> Artigo 19
>
> O reconhecimento e execução de sentenças e de laudos arbitrais solicitado pelas autoridades jurisdicionais poderá tramitar-se por via de cartas rogatórias e transmitir-se por intermédio da Autoridade Central,

> ou por via diplomática ou consular, em conformidade com o direito interno.
>
> Não obstante o assinalado no parágrafo anterior, a parte interessada poderá tramitar diretamente o pedido de reconhecimento ou execução de sentença. Em tal caso, a sentença deverá estar devidamente legalizada de acordo com a legislação do Estado em que se pretenda sua eficácia, salvo se entre o Estado de origem da sentença e o Estado onde é invocado, se houver suprimido o requisito da legalização ou substituído por outra formalidade.

É importante lembrar que esse caráter executório existe apenas no âmbito do Mercosul e da Bolívia e do Chile, conforme o acordo de Buenos Aires de 2002.

A jurisprudência do STJ tem sido unânime nesse sentido, como se constata no aresto transcrito a seguir.

> AGRAVOS REGIMENTAIS. **CARTA ROGATÓRIA.** AUSÊNCIA DE PROCURAÇÃO. INCIDÊNCIA DO ENUNCIADO N. 115 DA SÚMULA DESTA CORTE. TRADUÇÃO JURAMENTADA. DISPENSA. TRAMITAÇÃO POR MEIO DA AUTORIDADE CENTRAL. PRECEDENTES. **EXECUÇÃO** DE SENTENÇA PROFERIDA NO EXTERIOR. PREVISÃO NOS ARTS. 19 E 20 DO PROTOCOLO DE COOPERAÇÃO E ASSISTÊNCIA EM MATÉRIA CIVIL, COMERCIAL, TRABALHISTA E ADMINISTRATIVA NO ÂMBITO DO **MERCOSUL** (PROTOCOLO DE LAS LEÑAS) PROMULGADO NO BRASIL PELO DECRETO N. 2.067/1996. ALEGADA AUSÊNCIA DE CITAÇÃO VÁLIDA. IMPROCEDÊNCIA. PEDIDO ANALISADO ANTERIORMENTE PELO SUPREMO TRIBUNAL FEDERAL.

1. Uma vez que a advogada subscritora do agravo regimental (fls. 490-500) não apresentou procuração no momento da interposição do recurso, incidente no caso o enunciado n. 115 da Súmula desta Corte.
2. O trâmite da **carta rogatória** pela via diplomática ou pela autoridade central confere autenticidade aos documentos e à tradução realizada na origem. Dispensada, assim, a realização de tradução por profissional juramentado no Brasil, conforme entendimento firmado pela jurisprudência do Supremo Tribunal Federal e desta Corte.
3. A **execução,** por meio de **carta rogatória,** de sentença proferida em processo ajuizado na Justiça argentina encontra previsão nos arts. 19 e 20 do Protocolo de Cooperação e Assistência em Matéria Civil, Comercial, Trabalhista e Administrativa no âmbito do **Mercosul** (Protocolo de Las Leñas) promulgado no Brasil pelo Decreto nº 2.067/1996.
4. O pedido formulado nesta comissão já foi analisado pelo Supremo Tribunal Federal ao conceder o exequatur ao caso. O cumprimento da **rogatória** só foi frustrado em razão do extravio dos autos na Justiça Federal no Brasil.
5. Não há falar em violação da ordem pública, porquanto a Justiça argentina expressamente declara que os interessados foram citados, que foi garantido o direito de defesa e que a sentença tem força de coisa julgada.
Agravo regimental não conhecido (fls. 490-500).
Agravo regimental improvido (fls. 447-465)[37].

[37] AgRg nos Edcl nos Edcl na CR 398/AR (agravo regimental nos embargos de declaração nos embargos de declaração na carta rogatória 2005/0014836 -5), j. 29/06/2010. Rel.: Ministro Cesar Asfor Rocha. Disponível em: https://scon.stj.jus.br/SCON/jurisprudencia/toc.jsp. Acesso em: 17 out. 2020.

17.6 Na justiça do trabalho

Não se costuma verificar a prática de cartas rogatórias na Justiça do Trabalho. Não existe previsão na CLT, mas a CPC é de aplicação subsidiária ao processo do trabalho (artigo 769 da CLT), donde a possibilidade não deve ser afastada, até porque proibir sua prática importará em violação do artigo 5º, LIV, da Constituição, que contempla expressamente o *due process of law*.

A esse respeito, escreve Vitor Salino Eça:

> É raríssimo alguém precisar verdadeiramente de uma carta rogatória para instruir um processo trabalhista, como, aliás, também é no processo comum. Todavia, não podemos nos esquecer que as relações de trabalho em outros países está se tornando cada vez mais frequente, sobretudo no âmbito do Mercosul e nos demais países com os quais o Brasil tem fronteira física[38].

Considerando essa assertiva, depreende-se ser plenamente possível que venha ocorrer a prática de cartas rogatórias no ambiente processual trabalhista, podendo ser tanto passiva como ativa.

[38] EÇA, Vitor Salino de Moura. *Direito processual do trabalho*. São Paulo: LTr, 2019. p. 245.

AUXÍLIO DIRETO

Esse mecanismo processual destina-se a proporcionar o cumprimento de uma solicitação de autoridade estrangeira sem que haja necessidade de obter homologação do STJ, sendo instrumento de cooperação internacional entre as autoridades centrais estrangeira e brasileira. Pode também ser chamado de *assistência direta*, proporcionando intercâmbio imediato entre autoridades administrativas e judiciais nacionais e estrangeiras, sem a necessidade de carta rogatória ou alguma interferência de tribunal superior.

Esse auxílio mútuo encontra paradigma no direito internacional europeu, com base na regra contida no artigo 3º, 1, da Convenção de Auxílio Judicial Mútuo da União Europeia, que prevê:

> O auxílio mútuo também é concedido em processos instaurados pelas autoridades administrativas para fatos puníveis nos termos do direito

> do Estado-Membro requerente ou do Estado-Membro requerido, ou de ambos, como infrações a disposições regulamentares e, quando da decisão caiba recurso para um órgão jurisdicional competente, especialmente e, matéria penal.

No Direito brasileiro, o auxílio direto é objeto do artigo 28 do CPC, que dispõe:

> Art. 28. Cabe auxílio direto quando a medida não decorrer diretamente de decisão de autoridade jurisdicional estrangeira a ser submetida a juízo de delibação no Brasil.

Em seguida, o artigo 29 do mesmo diploma esclarece:

> Art. 29. A solicitação de auxílio direto será encaminhada pelo órgão estrangeiro interessado à autoridade central, cabendo ao Estado requerente assegurar a autenticidade e a clareza do pedido.

Os objetivos do auxílio direto são, além das previsões em tratados internacionais dos quais o Brasil é parte, conforme o artigo 30 do CPC, os seguintes:

> I — obtenção e prestação de informações sobre o ordenamento jurídico e sobre processos administrativos ou jurisdicionais findos ou em curso;
> II — coleta de provas, salvo se a medida for adotada em processo ou em curso no estrangeiro, de competência exclusiva de autoridade judiciária brasileira; e
> III — qualquer outra medida judicial ou extrajudicial não proibida pela lei brasileira.

Mantida a observância das disposições específicas contidas em tratados internacionais dos quais o Brasil seja parte, a autoridade central brasileira, que é o Departamento de Recuperação de Ativos e Cooperação Jurídica Internacional da Secretaria Nacional de Justiça (DRCI/Senajus), do Ministério da Justiça e Segurança Pública, deverá comunicar-se diretamente com suas congêneres e, se necessário, com outros órgãos estrangeiros responsáveis pela tramitação e pela execução de pedidos de cooperação enviados e recebidos pelo Estado brasileiro, respeitadas as disposições específicas constantes do tratado (artigo 31 do CPC).

Também incumbe à autoridade central brasileira (DRCI/Senajus) adotar as providências necessárias para, em caso de auxílio direto, o cumprimento de atos que necessitem de atuação do Poder Judiciário (artigo 32 do CPC).

Recebido pedido de auxílio direto passivo, a autoridade central o encaminhará à Advocacia-Geral da União, que requererá em juízo a medida solicitada (artigo 33, *caput*), cabendo ao Ministério Público requerer em juízo a medida solicitada quando for autoridade central (artigo 33, parágrafo único).

Ademais, nos termos do artigo 34 do CPC, é competência do juiz federal do lugar em que deva ser executada a medida apreciar pedido de auxílio direto passivo que demande prestação de atividade jurisdicional.

Todavia, no artigo 37 do CPC, temos regra específica para o auxílio direto pleiteado por autoridade brasileira à autoridade estrangeira, e estamos diante de um caso de cooperação ativa, quando os documentos, conforme o artigo 38 do CPC, devem instruir o pedido devidamente traduzido à língua oficial do Estado de destino.

Veja-se um excelente exemplo de auxílio direto como passo importante da cooperação jurídica internacional nesse decisório do STJ.

AGRAVO INTERNO NA RECLAMAÇÃO. AFRONTA À AUTORIDADE DE DECISÃO DO SUPERIOR TRIBUNAL DE JUSTIÇA. NÃO CONFIGURAÇÃO. REAPRESENTAÇÃO DE PEDIDO DE COOPERAÇÃO JURÍDICA INTERNACIONAL. ATO E COMUNICAÇÃO PARACOMPARECIMENTO VOLUNTÁRIO A AUDIÊNCIA NO JUÍZO ROGANTE. CUMPRIMENTO MEDIANTE **AUXÍLIO DIRETO**. POSSIBILIDADE.

1. A reclamação é admitida apenas para a preservação da competência do Superior Tribunal de Justiça ou para a garantia da autoridade de suas decisões.

2. A jurisprudência do Superior Tribunal de Justiça e a do Supremo Tribunal Federal admitem a cooperação jurídica internacional mediante **auxílio direto.**

3. É possível o cumprimento **direto** pela autoridade central de pedido de cooperação jurídica internacional que dispense juízo de delibação na Justiça brasileira e que tenha como objeto qualquer medida judicial ou extrajudicial não proibida pela legislação brasileira.

4. O provimento do agravo interno está condicionado à demonstração de motivos que afastem os fundamentos da decisão agravada.

5. Agravo interno desprovido[39].

[39] AgRg na Rcl 39223/DF (agravo regimental na reclamação 2019/0326642-7), j. 25/08/2020. Rel.: Ministro João Otávio de Noronha. Disponível em: https://scon.stj.jus.br/SCON/pesquisar.jsp. Acesso em: 17 out. 2020.

EXTRADIÇÃO

Um dos atos mais importantes dentro da cooperação internacional é a extradição, que consiste na entrega de uma pessoa em decorrência de possíveis crimes praticados no país postulante, a fim de que prossiga a investigação, o processamento ou sua condenação. As regras para o pedido de extradição geralmente constam de acordos bilaterais, tratados regionais e multilaterais, e, em alguns casos, com base no princípio da reciprocidade.

Sua origem mais remota pode ser encontrada em um tratado concluído em 1.291 a.C., entre Ramsés II, do Egito, e Hattisuli, rei dos hititas, com características diversas das atuais, e permanece até os dias correntes, até porque está assentada em uma noção básica de justiça: quem viola as condições mínimas de respeito pelo ser humano e pratica um crime deve ser punido.

A Lei nº 13.445, de 24 de maio de 2017, é a lei brasileira de migração, que contém distinções as quais devemos observar e que são fundamentais ao entendimento desse tema. É importante mencionar que extradição não se confunde com expulsão nem com deportação.

Segundo o artigo 59 da Lei de Migração:

> Art. 54. A expulsão consiste em medida administrativa de retirada compulsória de migrante ou visitante do território nacional, conjugada com o impedimento de reingresso por prazo determinado.

É oportuno recordar que o Pacto Internacional de Direitos Civis e Políticos, de 1966, ratificado pelo Brasil (Decreto nº 592, de 6 de julho de 1992), prevê, no artigo 13:

> Um estrangeiro que se ache legalmente no território de um Estado Parte do presente Pacto só poderá dele ser expulso em decorrência de decisão adotada em conformidade com a lei e, a menos que razões imperativas de segurança nacional a isso se oponham, terá a possibilidade de expor as razões que militem contra sua expulsão e de ter seu caso reexaminado pelas autoridades competentes, ou por uma ou várias pessoas especialmente designadas pelas referidas autoridades, e de fazer-se representar com esse objetivo.

Nessa linha, também podem ser expulsos do Brasil os estrangeiros que tenham sentença transitada em julgado pela prática de crime de genocídio e crime comum doloso passível de pena privativa de liberdade (§ 1º do mesmo artigo 54). Como se verifica, não se trata de uma pena, mas de uma providência de ordem administrativa.

Relativamente à deportação, o artigo 50 da Lei de Migração registra:

> Art. 50. A deportação é medida decorrente de procedimento administrativo que consiste na retirada compulsória de pessoa que se encontre em situação migratória irregular em território nacional.

Com efeito, o estrangeiro que ingressou irregularmente no Brasil e aqui permanece nessa condição é passível de deportação, o mesmo ocorrendo se, tendo ingressado regularmente, sua permanência não observa as previsões normais, como o caso de pessoal que ingressa no território nacional com visto temporário e aqui permanece em definitivo.

Na dicção da Lei nº 13.445/2017 (Lei de Migração), devemos considerar que:

> Art. 81. A extradição é a medida de cooperação internacional entre o Estado brasileiro e outro Estado pela qual se concede ou solicita a entrega de pessoa sobre quem recaia condenação criminal definitiva ou para fins de instrução de processo penal em curso.

Daí inferir-se que pode ocorrer em duas fases processuais: a instrutória e a executória. O primeiro caso se dá quando existe uma instrução investigatória ou processual pena em andamento. No segundo, já existe uma pena decorrente de sentença transitada em julgado.

Para que seja decretada a extradição, é imperiosa a prévia decretação da prisão preventiva ou a condenação definitiva de pena privativa de liberdade e que seja formalizado pedido pelo Poder Judiciário.

A Lei de Migração contempla as hipóteses em que não se concede extradição, conforme dispõe seu artigo 82:

> Art. 82. Não se concederá a extradição quando:
>
> I - o indivíduo cuja extradição é solicitada ao Brasil for brasileiro nato;
>
> II - o fato que motivar o pedido não for considerado crime no Brasil ou no Estado requerente;
>
> III - o Brasil for competente, segundo suas leis, para julgar o crime imputado ao extraditando;
>
> IV - a lei brasileira impuser ao crime pena de prisão inferior a 2 (dois) anos;
>
> V - o extraditando estiver respondendo a processo ou já houver sido condenado ou absolvido no Brasil pelo mesmo fato em que se fundar o pedido;
>
> VI - a punibilidade estiver extinta pela prescrição, segundo a lei brasileira ou a do Estado requerente;
>
> VII - o fato constituir crime político ou de opinião;
>
> VIII - o extraditando tiver de responder, no Estado requerente, perante tribunal ou juízo de exceção; ou
>
> IX - o extraditando for beneficiário de refúgio, nos termos da Lei no 9.474, de 22 de julho de 1997, ou de asilo territorial.

Impende assinalar que, no caso do nº VII (crime político ou de opinião), a extradição poderá ser processada se o fato constituir, principalmente, infração à lei penal comum ou quando o crime comum, conexo ao delito político, constituir o fato principal (§ 1º do mesmo artigo).

Todavia, a competência para apreciar, no Judiciário, pedido de extradição é originária do STF (artigo 102, I, *g*, da Constituição), e à Suprema Corte caberá deixar de considerar crime político, bem como crime contra a humanidade, crime de guerra, crime de genocídio e terrorismo, atentado contra chefe de Estado ou quaisquer autoridades, nos termos do § 4º do mencionado artigo 82.

O Decreto nº 9.662, de 1º de janeiro de 2019, contempla as medidas relativas à extradição e à transferência de pessoas condenadas, sendo competência do Departamento de Recuperação de Ativos e da Cooperação Jurídica Internacional da Secretaria Nacional de Justiça do Ministério da Justiça e Segurança Pública (DRCI/Senajus), que é a autoridade central brasileira para a cooperação jurídica internacional, tendo a Portaria nº 217, de 27 de fevereiro de 2018, adotado regras para imprimir maior celeridade na tramitação desses pedidos extradicionais.

As modalidades de extradição são duas. A ativa ocorre quando o Governo do Brasil é o requerente do pedido de extradição de algum foragido da Justiça de nosso país a outro Estado. A passiva ocorre quando um país solicita a extradição de uma pessoa foragida que se encontra em território brasileiro.

A competência para determinar a entrega do extraditando é privativa, indeclinável e exclusiva do Presidente da República, conforme decidido pelo STF na Extradição nº 1.085

Conforme o tratado de extradição celebrado, os documentos necessários à formalização do pedido podem variar, e, atualmente, estão em vigor no Brasil trinta acordos bilaterais de extradição e outros sete multilaterais. Inexistindo tratado, devem ser observadas ou as regras da Lei nº 13.445/2017 (Lei de Migração), ou a legislação do Estado requerido.

Essa lei indica as condições a serem observadas para a concessão da extradição, no artigo 83:

> Art. 83. São condições para concessão da extradição:
> I - ter sido o crime cometido no território do Estado requerente ou serem aplicáveis ao extraditando as leis penais desse Estado; e
> II - estar o extraditando respondendo a processo investigatório ou a processo penal ou ter sido condenado pelas autoridades judiciárias do Estado requerente a pena privativa de liberdade.

É igualmente a Lei de Migração brasileira que elenca os documentos que devem instruir o pedido de extradição, conforme seu artigo 88:

> (1) cópia autêntica ou certidão da sentença condenatória, de pronúncia ou da que decretar a prisão preventiva, proferida por juiz ou autoridade competente;
> (2) indicações sobre o local, a data, a natureza e as circunstâncias do fato criminoso;
> (3) identidade completa do extraditando; e
> (4) textos legais sobre o crime, a competência, a pena e sua prescrição.

Esses documentos, além de outros que podem ser solicitados conforme os tratados específicos que existirem, devem ser encaminhados no original em português e em tradução oficial para o idioma do país requerido, não necessitando ser tradução juramentada, bastando ser encaminhado pelo juízo solicitante, atestando sua fidedignidade.

Toda a documentação deve ser enviada pelo Poder Judiciário ao Ministério da Justiça e Segurança Pública, que, por sua vez, encaminhará o pedido, por via diplomática ou diretamente à autoridade central, ao Governo do Estado requerido.

O formulário de preenchimento orientado auxilia as autoridades brasileiras na elaboração dos pedidos de extradição e é disponibilizado pela autoridade central. Outras dúvidas podem ser esclarecidas por e-mail (extradicao@mj.gov.br).

É imperiosa, quanto à extradição, a estrita observância às regras contempladas no CPC.

Nesse aspecto, chama atenção para os casos de urgência, objeto do artigo 84, quando o Estado interessado poderá pedir a prisão cautelar do extraditando. Note-se que o § 2º desse artigo dispõe:

> § 2º O pedido de prisão cautelar poderá ser transmitido à autoridade competente para extradição no Brasil por meio de canal estabelecido com o ponto focal da Organização Internacional de Polícia Criminal (Interpol) no País, devidamente instruído com a documentação comprobatória da existência de ordem de prisão proferida por Estado estrangeiro, e, em caso de ausência de tratado, com a promessa de reciprocidade recebida por via diplomática.

Essas providências, como todas as demais, visam garantir a adequada cooperação entre o Brasil e a autoridade estrangeira.

Nota-se que pode ocorrer de mais de um Estado requerer a extradição de uma mesma pessoa pelo mesmo fato. O artigo 85 do CPC dispõe que a preferência será daquele Estado em cujo território a infração tiver sido cometida, e, em casos de crime diversos, a preferência observará a seguinte preferência, conforme o § 1º:

> I — o Estado requerente em cujo território tenha sido cometido o crime mais grave, segundo a lei brasileira;
> II — o Estado que em primeiro lugar tenha pedido a entrega do extraditando, se a gravidade dos crimes for idêntica; e
> III — o Estado de origem, ou, em sua falta, o domiciliar do extraditando, se os pedidos forem simultâneos.

Na ausência desses elementos, a prioridade será dada ao Estado requerente que mantiver tratado de extradição com o Brasil (§ 2º).

É importante assinalar que nenhuma extradição pode ser concedida no Brasil sem prévio pronunciamento do STF sobre sua legalidade e procedência, e a decisão da Suprema Corte é irrecorrível (artigo 90).

Procedente a extradição e autorizada a entrega do extraditando, este deverá ser retirado do território nacional em sessenta dias (artigo 92), e, não correndo, será ele posto em liberdade, sem prejuízo de outras medidas aplicáveis (artigo 93).

Sendo negada judicialmente a extradição, não será admitido novo pedido com base no mesmo fato (artigo 94).

Para que o extraditando seja entregue, o Estado requerente deve assumir seis compromissos, conforme o artigo 96:

> I — não submeter o extraditando a prisão ou processo por fato anterior ao pedido de extradição;
> II — computar o tempo da prisão que, no Brasil, foi imposta por força da extradição;

III — comutar a pena corporal, perpétua ou de morte em pena privativa de liberdade, respeitado o limite máximo de cumprimento de trinta anos;

IV — não entregar o extraditando, sem consentimento do Brasil, a outro Estado que o reclame;

V — não considerar qualquer motivo político para agravar a pena; e

VI — não submeter o extraditando a tortura ou outros tratamentos ou penas cruéis, desumanos ou degradantes.

HOMOLOGAÇÃO DE SENTENÇA ESTRANGEIRA

Uma das mais importantes formas de cooperação judiciária é a homologação de sentença estrangeira. Trata-se de uma decisão proferida por autoridade judiciária de Estado estrangeiro ou, em caráter excepcional, ato praticado por particulares na forma da legislação do respectivo Estado, similar a uma sentença proferida no Brasil, como o caso de laudo ou sentença arbitral, ou um contrato de adoção celebrado no exterior.

No Direito Constitucional brasileiro, o tema da sentença estrangeira apareceu na Constituição de 1934 (artigo 76, 1, *g*), atribuindo competência à Corte Suprema, que viria a ser o atual STF. A Carta outorgada de 1937 repete a regra anterior (artigo 101, I, *f*), o mesmo ocorrendo nas Constituições seguintes (de 1946, artigo 101, I, *g*; de 1967, artigo 114, I, *g*; e de 1988 (artigo 101, I, *h*), sempre com a competência atribuída à Suprema Corte. Com a Emenda Constitucional nº 45/2004, foi a competência para homologar sentença estrangeira transferida para o STJ (artigo 105, I, *i*, da Constituição em vigor).

Trata-se a sentença estrangeira de um título executivo judicial, conforme o artigo 515, nº VIII, que elenca, entre outros, "*a sentença estrangeira homologada pelo Superior Tribunal de Justiça*".

A competência para homologar sentença estrangeiras é do STJ, conforme o referido artigo 105, I, *i*, da Constituição, sendo indispensável para que a providência estrangeira, que tenha natureza de sentença, produza efeitos no Brasil. É a homologação, com efeito, indispensável para que a decisão alienígena tenha eficácia em nosso país, conforme preconiza o artigo 961 do CPC.

Até a Emenda Constitucional nº 45/2004, competia ao Presidente do STF a homologação de sentença estrangeira, como também a concessão de *exequatur* a cartas rogatórias. Atualmente, cabem ao Presidente do STJ ambas as tarefas. Havendo contestação, o processo será levado a julgamento pela Corte especial do STJ, sorteado um dos Ministros para ser seu Relator (artigo 216-A a 216-O, do Regimento Interno do STJ).

Excepciona-se a exigência de homologação para sentenças estrangeiras de divórcio consensual simples ou puro, de mera dissolução do matrimônio. Em tal situação, a sentença estrangeira deverá ser levada ao cartório de registro civil, pelo interessado, para fins de averbação, na forma do **Provimento nº 53** da Corregedoria Nacional de Justiça. Caso o divórcio envolva guarda de filhos, alimentos e partilha de bens, permanece a necessidade de homologação.

Os requisitos para a homologação são os do artigo 963 do CPC:

> I — ser proferida por autoridade competente;
>
> II — ser precedida de citação regular, ainda que verificada a revelia;

III — ser eficaz no país em que foi proferida;

IV — não ofender a coisa julgada brasileira;

V — estar acompanhada de tradução oficial, salvo disposição que a dispense, prevista em tratado;

VI — não conter manifesta ofensa à ordem pública e aos bons costumes, observando, aqui, o disposto na Lei de Introdução às Normas do Direito Brasileiro (LINDB).

É ainda o CPC que determina a não homologação de decisão estrangeira na hipótese de competência exclusiva do Judiciário brasileiro, regra que se aplica também às cartas rogatórias (artigo 964, parágrafo único).

O procedimento de homologação encontra-se regulamentado no Regimento Interno do STJ, nos artigos 216-A a 216-X; homologado, o *decisum* terá sua execução na Justiça Federal de primeiro grau de jurisdição, a requerimento da parte, conforme o artigo 965 do CPC.

Como já observamos, o sistema de delibação adotado no Brasil é inspirado no modelo da Itália, o da delibação moderada, em que são verificados os aspectos formais da sentença e sua compatibilidade com a soberania nacional e os bons costumes, e, também, com a ordem pública. O mérito da sentença, no geral, é examinado apenas superficialmente, com o objetivo de proporcionar seu cumprimento na Justiça brasileira.

Vejamos, pormenorizadamente, as disposições do Regimento Interno do STJ no que se refere à homologação de sentença estrangeira, providência indispensável, com pena de a decisão não ter nenhuma eficácia no território nacional (artigo 216-B).

Ao Presidente da Corte é atribuída a homologação de decisão estrangeira (artigo 216-A), salvo quando houver contestação (artigo

216-K). Da mesma forma, devem ser homologados os provimentos não judiciais que, conforme a legislação nacional, tiverem natureza de sentença (§ 1º do mesmo artigo), que é o caso de laudo (ou sentença) arbitral, podendo as decisões alienígenas serem homologadas parcialmente (§ 2º).

A petição inicial do requerimento de homologação da decisão estrangeira deve ser apresentada pela parte interessada, com os requisitos do CPC, instruída com cópia autenticada da decisão homologada e outros documentos indispensáveis, traduzidos para o vernáculo por tradutor oficial ou juramentado no Brasil, com a chancela da autoridade consular brasileira competente (artigo 216-C). A petição também deverá preencher os requisitos previstos no artigo 216-D do mesmo regimento interno e que são essenciais: ter sido proferida por autoridade competente; conter elementos que comprovem terem sido as partes regularmente citadas ou ter sido legalmente verificada a revelia; e ter transitado em julgado.

Verificado que a inicial não preenche esses requisitos ou apresenta defeitos ou irregularidades que causem dificuldade para o julgamento do mérito, o Presidente do STJ assinará prazo razoável para que seja emendada ou completada (artigo 216-E), e, caso o requerente ou seu procurador não promovam o ato ou diligência determinado dentro do prazo assinalado, a pretensão será arquivada (parágrafo único).

Lembremos que não será homologada a decisão estrangeira que ofender a soberania nacional, a dignidade da pessoa humana e/ou a ordem pública (artigo 216-F), bem como se admite a tutela provisória nos procedimentos homologatórios (artigo 216-G).

O Presidente do STJ determinará a citação da parte interessada para contestar o pedido no prazo de quinze dias (artigo 216-H), limitando-se a defesa apenas sobre a inteligência da decisão estrangeira e a observância dos requisitos que mencionamos anteriormente, dos artigos 216-C, 216-D e 216-F (parágrafo único).

Sendo o requerido revel ou incapaz nos termos da lei civil brasileira, ser-lhe-á dado curador especial, notificado pessoalmente (artigo 216-I).

Contestada a pretensão, admitem-se réplica e tréplica em cinco dias (artigo 216-J), sendo o processo distribuído a um dos ministros integrantes da Corte Especial para julgamento. A esse relator caberá determinar os atos relativos ao andamento e à instrução do processo (artigo 216-K), podendo decidir monocraticamente na hipótese de existir jurisprudência consolidada a respeito (parágrafo único).

O Ministério Público terá vista dos autos, pelo prazo de quinze dias, para, querendo, impugnar o pedido (artigo 216-L).

Das decisões do Presidente da Corte ou do relator do processo caberá agravo (artigo 216-M), e a decisão estrangeira homologada será executada por carta de sentença no Juízo Federal competente (artigo 216-N).

Quando se tratar de sentença brasileira que deva ser cumprida no exterior, o procedimento deve observar a legislação interna do Estado estrangeiro onde se pretende ter a sentença homologada.

Nos casos oriundos do Mercosul, por força dos tratados celebrados com os países integrantes do bloco, sobretudo o Protocolo de Las Leñas e o Acordo de Cooperação e Assistência Jurisdicional em Matéria Comercial, Trabalhista e Administrativa entre os Estados partes do Mercosul, a República da Bolívia e a República do Chile, o pedido pode ser processado mediante carta rogatória, da mesma forma quando existe tratado bilateral, como o caso da Espanha, da França e da Itália.

Todavia, como referiremos adiante, limita-se a decisão homologatória ao exame dos aspectos extrínsecos da sentença homologada, e o mesmo se aplica, também, à sentença (ou laudo) arbitral estrangeiro, como demonstra o julgado do STJ a seguir.

> AGRAVO INTERNO. HOMOLOGAÇÃO DE SENTENÇA ARBITRAL ESTRANGEIRA PROFERIDA NOS ESTADOS UNIDOS DA AMÉRICA. IMPOSSIBILIDADE DE EXAME DE MATÉRIA DE MÉRITO EM SEDE HOMOLOGATÓRIA.
>
> 1. O sistema judicial brasileiro, no que tange à homologação de decisão estrangeira, observa, via de regra, os requisitos puramente formais do processo, sendo vedado o exame de questões de mérito ou que redundem em sua efetiva análise. Precedentes.
> 2. No caso, as alegações do agravante referem-se à suposta falsidade das assinaturas no contrato de prestação de serviços, à ausência de manifestação de vontade de um dos requeridos e à sua responsabilidade solidária, o que importa de forma direta ou reflexa o inequívoco incurso no meritum causae. O mesmo se diga em relação à suposta falsidade das assinaturas dos requeridos no contrato de prestação de serviços advocatícios celebrado com a parte requerente, sendo certo que tais questões encontram-se indissoluvelmente vinculadas à apuração de nulidade contratual (e, por conseguinte, ao direito material tratado na avença), não podendo ser aferidas em sede de homologação de sentença estrangeira.
> 3. Agravo interno não provido[40].

---

[40] AgInt na SEC 15273/EX (agravo interno na sentença estrangeira contestada 2016/0030331-5), j. 25/08/2020. Rel.: Ministro Luis Felipe Salomão. Disponível em: https://scon.stj.jus.br/SCON/pesquisar.jsp. Acesso em: 17 out. 2020.

CAPÍTULO V

INSTRUMENTOS DE COOPERAÇÃO JURÍDICA NACIONAL

NORMATIVA NO CPC

Assim como existe, e verificamos anteriormente, a cooperação jurídica internacional, que envolve o Brasil e os demais integrantes da comunidade internacional, temos a cooperação jurídica nacional.

Sua característica marcante é reunir os órgãos do Poder Judiciário nacional, estadual ou federal, comum ou especializado, em todas as instâncias e graus de jurisdição, inclusive tribunais superiores, com o objetivo de promover cooperação recíproca por meio de seus magistrados e serventuários. É a norma assente no artigo 67 do CPC, *verbis*:

> Art. 67. Aos órgãos do Poder Judiciário, estadual ou federal, especializado ou comum, em todas as instâncias e graus de jurisdição, inclusive aos tribunais superiores, incumbe o dever de recíproca cooperação, por meio de seus magistrados e servidores.

Devemos observar que, na expressão *tribunais superiores*, do *caput* do artigo 67 do CPC, também está incluído o STF, por se tratar da mais alta corte judiciária brasileira, merecendo ser notado que a tarefa cooperadora não é apenas atribuída aos magistrados, mas também aos serventuários da Justiça.

Essa cooperação participativa reunindo todos em busca de um único objetivo, qual seja, da prestação jurisdicional mais célere, mais eficaz e adequada, tem sido estimulada em todos os níveis no Poder Judiciário brasileiro.

A regra do artigo 68 é bastante expressiva e retrata prática razoavelmente habitual no Poder Judiciário, desde sempre. Assinala o dispositivo que "*os juízos poderão formular entre si pedido de cooperação para prática de qualquer ato processual*".

Não sendo novidade, tornou-se agora uma faculdade inserida na lei. É de se notar que continua sendo perfeitamente admitido que o juiz colabore *sponte sua* com outro, por exemplo, em casos frequentes na Justiça do Trabalho, se, liquidado o processo trabalhista em uma Vara do Trabalho, havendo saldo remanescente, o juízo exequente informa os demais essa existência para que, caso necessitem para atender a outra execução contra o mesmo executado, seja feito o necessário abandamento. Teixeira Filho, em particular, assinala que a finalidade principal do pedido é proporcionar que "*o juízo solicitado possa saber, com precisão, em que consiste a cooperação desejada pelo solicitante*"[41].

Outro aspecto a se observar é que o pedido de cooperação pode ser adotado de forma bastante simples, sendo possíveis e até recomendáveis posturas práticas e ágeis, como o uso de *e-mail* ou

[41] TEIXEIRA FILHO, Manoel Antônio, *op. cit.*, p. 81.

outras medidas que a informática proporciona dentro do processo judicial eletrônico. Na lição de Marinoni, Arenhart e Mitidiero, "*o pedido de cooperação deve ser prontamente atendido e prescinde de forma específica*"[42].

Ademais disso, o § 3º do artigo 69 do CPC consigna que "*o pedido de cooperação judiciária pode ser realizado entre órgãos jurisdicionais de diferentes ramos do Poder Judiciário*".

Significa, assim, que a cooperação judiciária envolve todo o Poder Judiciário, de modo integral e harmônico, a fim de atender aos princípios básicos da correta e ágil entrega da prestação jurisdicional.

A observação de Humberto Theodoro Júnior é bastante expressiva: "*a cooperação preconizada pelo CPC/2015 tem a função de permitir o intercâmbio e o auxílio recíproco entre juízos numa dimensão que vai além dos limites rígidos e solenes das cartas precatórias ou de ordem*"[43].

---

[42] MARINONI, Luiz Guilherme; ARENHART, Sérgio Cruz; MITIDIERO, Daniel. *Novo curso de processo civil (II – tutela dos direitos mediante procedimento comum)*. 2. ed. São Paulo: Revista dos Tribunais, 2016. p. 73.

[43] THEODORO JÚNIOR, Humberto, *op. cit.*, p. 267.

INSTRUMENTOS DE COOPERAÇÃO NACIONAL

O *caput* do artigo 69 do CPC dispõe acerca dos mecanismos judiciais admitidos para fins de se processar a cooperação no âmbito das autoridades judiciárias brasileiras. Tem o seguinte teor:

Art. 69. O pedido de cooperação jurisdicional deve ser prontamente atendido, prescinde de forma específica e pode ser executado como:

> I — auxílio direto;
>
> II — reunião ou apensamento de processos;
>
> III — prestação de informações;
>
> IV — atos concertados entre os juízes cooperantes.

Vejamos um a um esses instrumentos.

22.1 Auxílio direto

Quanto ao auxílio direto, o tema já foi apreciado neste livro, ao exame dos instrumentos de cooperação internacional (Capítulo IV).

22.2 Reunião ou apensamento de processos

No que se refere a reunião ou apensamento de processos, temos duas situações diversas. Na reunião de processos, estamos diante de hipóteses de conexão, conforme o artigo 55 do CPC, a fim de evitar que sejam prolatadas decisões conflitantes.

Quanto ao apensamento de processos, cuida-se de ato de fazer a anexação dos autos de um processo a outro com o qual tenha relação, a fim de que tramitem conjuntamente, mantida a numeração originária de cada qual.

Observe-se que seja reunião, seja apensamento, esses procedimentos devem ser tomados por juízes de mesma competência material ou funcional, significando assinalar que não é possível ocorrer apensamento entre processos que tramitam em segmentos diversos do Judiciário, por exemplo, processos da Justiça do Trabalho não serão apensados a processos da Justiça Comum estadual.

Recorda Teixeira Filho que pode um juízo solicitar a outro a remessa de autos para que sejam juntados a outros em decorrência de conexão ou continência, mas, se o juízo ao qual foi solicitada a providência se recusar a atender, julgando-se também competente, deverá suscitar conflito positivo (artigo 66, I, do CPC, devendo o tribunal correspondente definir sobre a matéria)[44].

---

[44] TEIXEIRA FILHO, Manoel Antônio, *op. cit.*, p. 82.

22.3 Prestação de informações

Trata-se de cooperação natural entre segmentos do Judiciário atendendo a solicitação de um magistrado dirigida a outro acerca do andamento de determinado processo ou de diligências requeridas ou efetuadas.

Não só nesses casos, mas também existem situações legais em que o magistrado tem o dever de prestar informações, por exemplo, quando um magistrado de 1º grau é solicitado a prestar informações referentes a um pedido de *habeas corpus* ou quando manifesta-se ao relator por ter sido apontado como autoridade coatora em um mandado de segurança.

22.4 Atos concertados entre os juízes cooperantes

O inciso IV do artigo 69 do CPC refere atos concertados entre os juízes cooperantes, e o § 2º desse dispositivo dedica-se ao trato desses atos, com o seguinte teor:

> § 2º Os atos concertados entre os juízes cooperantes poderão consistir, além de outros, no estabelecimento de procedimento para:
>
> I – a prática de citação, intimação ou notificação de ato;
>
> II – a obtenção e apresentação de provas e a coleta de depoimentos;
>
> III – a efetivação de tutela provisória;
>
> IV – a efetivação de medidas e providências para recuperação e preservação de empresas;
>
> V – a facilitação de habilitação de créditos na falência e na recuperação judicial;
>
> VI – a centralização de processos repetitivos;
>
> VII – a execução de decisão jurisdicional.

A prática desses atos concertados guarda ressonância com a garantia do *due processo of law*, consagrado no artigo 5º, nºs LIV e LV, da Constituição. O Texto Maior apresenta, no artigo 37, os princípios que regem a administração pública, inclusive o Poder Judiciário, que são os princípios de legalidade, impessoalidade, moralidade, publicidade e eficiência.

O princípio da eficiência origina-se do direito norte-americano, com base no *Civil Justice Reform Act* (CJRA), de 1990, e reflete no Poder Judiciário brasileiro considerando a regra inserta no inciso LVXXIII do artigo 5º, oriundo da Emenda Constitucional nº 45, de 2004, preconizando a razoável duração do processo e os meios que garantam a celeridade de sua tramitação.

Ensinam Marinoni, Arenhart e Mitidiero afirmam que:

> [...] a técnica encontra paralelo no ***multidistrict litigation*** norte-americano e constitui uma técnica de racionalizar os recursos judiciários, oferecendo soluções que tendem à isonomia. Constitui uma técnica de coletivização, ainda que não se identifique as ações coletivas[45].

Nota deve ser feita quanto à possibilidade da prática de atos concertados no processo arbitral. É perfeitamente admissível a cooperação entre o árbitro e o magistrado do Estado. A Lei nº 9.307 prevê em várias oportunidades a participação do juiz (intimação de testemunha) e o cumprimento do laudo arbitral (sentença, nos termos da lei de arbitragem), afora a possibilidade de nulidade da decisão arbitral, de impugnação do árbitro, entre outras providências.

---

[45] MARINONI, Luiz Guilherme; ARENHART, Sérgio Cruz; MITIDIERO, Daniel, *op. cit.*, p. 73.

A concertação de atos, com efeito, é demonstrada pelas sete indicações de procedimento jurisdicional, todas tendentes à demonstração da eficiência do Judiciário, inclusive, com destaque especial para o inciso VII cuidando da execução da decisão judicial, que, como sabido, é um dos pontos mais complexos, delicados e demorados da satisfação do processo.

Impende reiterar aqui o merecido destaque ao papel dos Juízes de Cooperação e dos Núcleos de Cooperação Judiciária a que se refere a Resolução nº 350/2020, do CNJ, de que tratamos anteriormente (Capítulo II, 14.2).

CARTAS DE ORDEM, PRECATÓRIA E ARBITRAL

Dispõe o § 1º do artigo 69 da lei processual brasileiro que "*as cartas de ordem, precatória e arbitral seguirão o regime previsto neste Código*".

Esses três instrumentos de comunicação são de grande significado para o bom andamento dos processos judiciais e extrajudiciais, quando se cuida da carta arbitral.

Não nos esqueçamos da importância da carta de ordem, da carta precatória e da carta arbitral, que, tratadas no § 1º do artigo 69 do CPC, possuem especial relevância para a concretização desse método especial de trabalho judiciário.

A carta de ordem é expedida por tribunal superior para tribunal ou juiz de hierarquia inferior, mas — e é importante notar — não pode o superior expedir carta de ordem para inferior de outro segmento do Judiciário, mas apenas para juízo a ele vinculado. Ou seja, um

Tribunal Regional Federal não tem competência para expedir carta de ordem para uma Vara do Trabalho, nem um Tribunal Regional do Trabalho possui competência para determinar providência a uma Vara Federal. É a regra inserta no artigo 236, § 2º, combinado com o artigo 237, I, ambos do CPC.

A carta precatória, por sua vez, é o meio pelo qual juízes de mesma hierarquia, mas de comarcas distintas, se comunicam, a fim de obter do juízo deprecado o cumprimento de um ou mais atos judiciais (artigo 237, III, do CPC). Estabelece-se uma relação entre o juízo deprecante (que envia a carta precatória) e o juízo deprecado (que a recebe), que pode mesmo ser dispensado se a providência solicitada puder ser realizada por meio de videoconferência ou outro recurso tecnológico de transmissão de sons e imagens em tempo real (artigo 236, § 3º, do CPC).

A carta arbitral, finalmente, está prevista no artigo 22-C da Lei nº 9.307, de 23 de setembro de 1996, que é a lei brasileira de arbitragem, incluído pela Lei nº 13.219, de 26 de maio de 2015, dispondo:

> Art. 22-C. O árbitro ou o tribunal arbitral poderá expedir carta arbitral para que o órgão jurisdicional nacional pratique ou determine o cumprimento, na área de sua competência territorial, de ato solicitado pelo árbitro.

Essa providência, como se constata, é um marco importante no sentido de facilitar a implementação, no Brasil, da prática de soluções extrajudiciais de conflitos, porque, como prevê a norma arbitral brasileira, o Poder Judiciário pode ser acionado em diversas oportunidades para colaborar com a atividade arbitral, o que —

pensamos — poderia ser evitado, com vistas a não sobrecarregar os juízes do Estado[46].

A finalidade da carta arbitral é um procedimento excepcional de cooperação entre a jurisdição pública (estatal) e a jurisdição privada (representada pelo juízo arbitral). Consiste em o arbitro ou o tribunal arbitral solicitar do Judiciário, nos limites de sua competência, a prática de um dos atos que a própria Lei nº 9.307/96 prevê e que necessite da atuação coercitiva do Estado, poder que o árbitro — porque justiça privada — não detém. Assim são os casos de condução de alguma testemunha, cumprimento de tutela de emergência ou de urgência deferida pelo árbitro e entrega de determinada coisa ou documento, entre outros.

De acordo com o artigo 237, IV, do CPC, a carta arbitral é uma solicitação feita para que um órgão do Poder Judiciário pratique ou determine o cumprimento, na área de sua competência territorial, de ato objeto de pedido de cooperação judiciária formulado por juízo arbitral, inclusive os que importem efetivação de tutela provisória.

Quando o Poder Judiciário é acionado, dentro do procedimento arbitral, ou para fins de cumprimento de carta arbitral, os atos processuais a serem praticados podem ser procedidos em segredo de justiça, nos termos do artigo 189 do CPC. Esclarece o inciso IV que esse segredo será observado "*desde que a confidencialidade estipulada na arbitragem seja comprovada perante o juízo*", conforme prevê o parágrafo único do artigo 22-C da Lei Brasileira de Arbitragem.

---

[46] Fizemos essa crítica, entre outras, à Lei nº 9.307/96, em nosso *A nova lei de arbitragem e as relações de trabalho*. São Paulo: LTr, 1997. p. 52-53.

CONCLUSÃO

Uma das maiores preocupações da humanidade tem sido com a paz e a segurança internacionais. Esse é um dos grandes (o primeiro e, talvez, o principal) propósitos das Nações Unidas (artigo 1º, 1, da Carta de São Francisco). Dentro desse sentimento de manutenção do bem viver na comunidade dos Estados, certamente a cooperação jurídica ganha especial relevo.

Verificamos, ao longo deste livro, a grandiosidade dos temas que importam mais significativamente para as relações internacionais brasileiras, com base no próprio comando constitucional, em seu artigo 4º; em seguida, observamos as noções preliminares de cooperação jurídica nacional e internacional, destacando o papel representado pela autoridade central.

Como exige o tema, precisamos situar os problemas da cooperação internacional em espécie — daí o exame das várias modalidades de cooperação — e, então, tratar em pormenores dos instrumentos que materializam o instituto.

Com efeito, tratamos de carta rogatória, auxílio direto, extradição e homologação de sentença estrangeira no ambiente internacional; internamente, a par dos instrumentos de cooperação nacional, apreciamos aspectos sobre as cartas de ordem, a precatória e a arbitral.

De tudo o que se pretendeu ao longo deste trabalho, resta a certeza de que a necessidade de aproximação entre os Estados e seus respectivos governos, máxime no que respeita a cooperação jurídica (inclusive a judiciária), ganha destaque principal neste mundo globalizado em que vivemos.

A multiplicidade de problemas internos, que exige a participação colaborativa dos diversos entes do Estado, reconhece-se imperiosa para a manutenção da tranquilidade das relações interpessoais, e, quando se passa a uma apreciação em nível internacional, a certeza dessa necessidade amplia-se de modo expressivo.

A cooperação jurídica nacional e internacional tem, portanto, uma parcela de imensa responsabilidade para garantir a pronta solução de gravíssimos problemas, inclusive na área penal e de combate à corrupção e ao tráfico de entorpecentes.

O objetivo deste livro, então, foi proporcionar facilitação de acesso às informações mais relevantes e precisas sobre esse tema momentoso e palpitante, e a certeza que se tem é de trabalho desenvolvido.

Nota-se uma aproximação entre os poderes do Estado com o objetivo maior de dar amplo cumprimento aos interesses da Justiça, no seu sentido mais amplo, tornando-a mais célere, menos burocratizada, mais clara e mais objetiva. O que se infere é que, no Brasil, sobretudo com o novo CPC e as regras recentes editadas no âmbito do Conselho Nacional de Justiça, o implemento da cooperação interna será efetivo, no Poder Judiciário, em todos os seus níveis, e também com a atuação cooperante dos demais poderes, sobretudo quando tratamos de cooperação em nível internacional.

REFERÊNCIAS

ACCIOLY, H. **Tratado de direito internacional público (I)**. Rio de Janeiro: Imprensa Nacional, 1933.

ALBUQUERQUE MELLO, C. R. D. de. **Curso de direito internacional público** (II). 11. ed. Rio de Janeiro: Renovar, 1997.

BATALHA, W. S. C. **Tratado de direito internacional privado (III)**. 2. ed. São Paulo: Revista dos Tribunais, 1977.

BEVILAQUA, C. **Direito público internacional**. 2. ed. Rio de Janeiro: Freitas Bastos, 1939.

BEZERRA LEITE, C. H. **Curso de direito processual do trabalho**. 16. ed., São Paulo: Saraiva, 2018.

CASTRO, A. de. **Direito internacional privado**. 4. ed. Rio de Janeiro: Forense, 1987.

EÇA, V. S. M. **Direito processual do trabalho**. São Paulo: LTr, 2019.

FRANCO FILHO, G. S. **A arbitragem e os conflitos coletivos de trabalho no Brasil**. São Paulo: LTr, 1990.

FRANCO FILHO, G. S. **A nova lei de arbitragem e as relações de trabalho**. São Paulo: LTr, 1997.

FRANCO FILHO, G. S. Execução da sentença estrangeira. *In*: ROMAR, C. T. M.; SOUSA, O. A. R. de (Org.). **Temas relevantes de direito material e processual do trabalho** (homenagem ao Prof. Pedro Paulo Teixeira Manus). São Paulo: LTr, 2000.

FRANCO FILHO, G. S. **Curso de direito do trabalho**. 5. ed. São Paulo: LTr, 2019.

FRANCO FILHO, G. S. **As leis sobre abolição dos escravos no Brasil**. São Paulo: LTr, 2019. v. 103/19. (Suplemento Trabalhista.)

HUCK, H. M. **Sentença estrangeira e lex mercatória**. São Paulo: Saraiva, 1994.

MARINONI, L. G.; ARENHART, S. C.; MITIDIERO, D. **Novo curso de processo civil**. 2. ed. São Paulo: Revista dos Tribunais, 2016. (II – Tutela dos direitos mediante procedimento comum.)

THEODORO FILHO, H. **Curso de Direito processual civil (I)**. 61. ed. Rio de Janeiro: Forense, 2020.

TEIXEIRA FILHO, M. A. **Comentários ao novo Código de Processo Civil sob a perspectiva do processo do trabalho**. 2. ed. São Paulo: LTr, 2015.

VALLADÃO, H. T. **Direito internacional privado (III)**. Rio de Janeiro: Freitas Bastos, 1978.